全国高等院校应用技术型财会类精品教材系列

SHENJIXUE YUANLI YU SHIWU
PEITAO SHIXUN TIJI

《审计学原理与实务》
配套实训题集

主　编◎赖秋萍
副主编◎张荣庆　吴　烨　潘丽萍　黄春玲

西南财经大学出版社

图书在版编目(CIP)数据

《审计学原理与实务》配套实训题集 / 赖秋萍主编．—成都：西南财经大学出版社，2015.4(2020.8 重印)
ISBN 978-7-5504-1857-8

Ⅰ.①审… Ⅱ.①赖… Ⅲ.①审计学—高等学校—习题集
Ⅳ.①F239.0-44

中国版本图书馆 CIP 数据核字(2015)第 071139 号

《审计学原理与实务》配套实训题集

主　编：赖秋萍
副主编：张荣庆　吴　烨　潘丽萍　黄春玲

责任编辑：孙　婧
封面设计：墨创文化
责任印制：朱曼丽

出版发行	西南财经大学出版社(四川省成都市光华村街 55 号)
网　　址	http://www.bookcj.com
电子邮件	bookcj@foxmail.com
邮政编码	610074
电　　话	028-87353785
照　　排	四川胜翔数码印务设计有限公司
印　　刷	郫县犀浦印刷厂
成品尺寸	185mm×260mm
印　　张	10
字　　数	210 千字
版　　次	2015 年 4 月第 1 版
印　　次	2020 年 8 月第 2 次印刷
印　　数	2001— 3000 册
书　　号	ISBN 978-7-5504-1857-8
定　　价	22.00 元

前言 Foreword

“审计学原理与实务”是高等院校财务会计、会计电算化、会计与审计、审计实务等财会类专业的主干课程之一。它的开设对培养学生的会计、审计职业素养有着重要的意义。审计课程与其他会计课程相比，有如下特殊性：

1. 审计课程的综合性很强

审计课程融合了审计、会计、税法、经济法、财务成本管理、风险管理与控制等多门学科的知识。

2. 审计的许多理论不容易理解

在审计学习过程中，学生对审计准则的条文以及审计的重要性和审计风险等理论理解起来比较困难。

3. 审计工作的实务性强

尤其是企业财务报表审计实务内容丰富，涉及资产、负债、所有者权益、收入、成本和费用、利润及其分配各个方面的知识，学生没有丰富的阅历和工作经验，很难理解如何利用审计理论指导具体的实践工作。

4. 学生难以得到审计顶岗实训的机会

审计鉴证的主要对象之一是被审计单位的会计资料，而会计资料一般都被会计主体单位视为其核心机密资料，不愿提供给实习学生审计练兵之用。

由于上述特殊性的客观存在，许多高等院校的教师在审计课程教学活动中，对学生审计职业能力的培养效果有“事倍功半”之感。学生也感觉审计课程的学习难度较大。因此，学生需要通过大量的课后实训，才能加深对审计基本原理和方法的理解与运用。我们希望通过这本《<审计学原理与实务>配套实训题集》的编写，为学生在校学习审计过程中能够最大限度提高审计职业判断能力和实践应用能力尽一点微薄之力。

本实训题集以现行的注册会计师执业准则体系为依据，按照《审计学原理与实务》教材的体系和顺序编写，每个项目都设计了单项选择、多项选择、判断题和审计实务四种题型。各类实训题的设计紧扣教材内容，力求突出教材的重点和难点，体现知识点的全覆盖和针对性，有助于学生对所学的审计知识进行多角度、多形式的学习和训练，促进学生对审计理论、审计程序和方法的理解，提高学生的审计实务操作能力。

同时本实训题集还设计了一套审计基本技能实训方案及评分标准，可供教师指导学生开展审计实训时参考。

本实训题集由汉中职业技术学院赖秋萍副教授任主编，张荣庆副教授负责审定，潘丽萍、黄春玲、吴烨老师参与编写。

本实训题集可供会计、会计电算化、审计实务、会计与审计、财务会计等专业审计学课程的配套用书，也可供在职财会人员和审计人员岗位培训、自学进修、业务学习使用。

受时间和水平所限，本实训题集在题型设计及内容上难免有不当之处，恳请读者批评指正，以便再版或重印时修改。

编者

2015 年 3 月

目录

Contents

第一部分　各项目的课后实训题

模块一　项目一　审计概论

一、单项选择题

1. 审计的本质特征是（　　）。
   A. 权威性　　B. 独立性
   C. 客观性　　D. 公正性

2. 审计的基本职能是（　　）。
   A. 经济鉴证　　B. 经济监督
   C. 经济评价　　D. 经济责任

3. 审计的对象是（　　）。
   A. 被审计单位
   B. 会计资料
   C. 经济活动
   D. 会计资料和其他相关资料及其所反映的经济活动

4. 审计的委托人与被审计人是（　　）。
   A. 委托关系　　B. 审计关系
   C. 经济责任关系　　D. 隶属关系

5. 《中华人民共和国审计法》颁布的时间是（　　）。
   A. 1983 年 10 月　　B. 1994 年 10 月
   C. 1997 年 1 月　　D. 1995 年 1 月

6. 中国最早的审计工作，可以追溯到（　　）时期。

A. 唐朝　　B. 北宋

C. 周朝　　D. 秦汉

7. 下列哪种方法主要用于对书面资料的审查?（　　）

A. 观察法　　B. 逆查法

C. 盘存法　　D. 鉴定法

8. 下列属于证实客观事物的方法有（　　）。

A. 抽查法　　B. 逆查法

C. 调节法　　D. 分析法

9. 关于函证方法，正确的是（　　）。

A. 否定式函证比肯定式函证取得证据的可靠性高

B. 肯定式函证不适用于内部控制健全的被审计单位

C. 否定式函证适用于会计核算质量差的被审计单位

D. 肯定式函证适用于金额大、疑点大的被审计事项

二、多项选择题

1. 注册会计师审计属于（　　）。

A. 外部审计　　B. 内部审计

C. 事后审计　　D. 委托审计

2. 审计的独立性包括（　　）。

A. 机构独立　　B. 人员独立

C. 工作独立　　D. 经济独立

3. 按照审计的目的内容的不同，审计可以分为（　　）。

A. 财政财务审计　　B. 财经法纪审计

C. 经济效益审计　　D. 经济责任审计

4. 审计的主体有（　　）。

A. 国家审计机关　　B. 内部审计组织

C. 专职机构　　D. 民间审计组织

5. 关于审计产生的社会根源，下列说法正确的有（　　）。

A. 财产所有权与经营权分离产生了经济责任关系

B. 受托经济责任的存在催生了独立的审计监督

C. 审计与会计都属于经济管理手段

D. 审计是基于经济监督的需要而产生

6. 审计活动中的三大关系人是指（　　）。

A. 审计委托人　　B. 被审计人

C. 审计人　　D. 财产所有人

7. 按照审查书面资料的顺序不同，审计方法分为（　　）。

A. 抽查法　　B. 逆查法

C. 顺查法　　D. 详查法

8. 鉴定法主要用于对（　　）的鉴别与判定。

A. 经济环境　　B. 实物的性能、质量、价值

C. 书面资料　　D. 经济活动

9. 在实际审计工作中，审阅法往往与（　　）等方法结合使用。

A. 核对法　　B. 验算法

C. 逆查法　　D. 分析法

三、审计实务题

1. 2008 年“5. 12”汶川大地震后，为确保抗震救灾资金和物资按照要求及时到位，严格管理合理使用救灾物资和资金，金州市审计局派出审计组对下属 3 个受灾县救灾资金的管理、拨付、使用情况进行了审计，查明多数项目救灾资金安排到位，并按照规定用途发放、使用，但个别乡镇存在领导干部利用职务便利侵占救灾资金和物资的问题。

要求：

（1）分析该项审计活动包含的审计类型。

（2）分析本次审计活动的主体、对象、内容、目的和职能。

2. 大地化工有限责任公司是一家国有独资公司，2012 年 10 月，该公司审计科成立审计组对下属全资控股公司 A 公司董事长兼总经理刘某开展离任审计。

审计组进点时，看到 A 公司一派欣欣向荣的景象，产品供不应求，厂外每天都有客户的卡车排队等着提货，会议室里市优、部优、金奖、银奖的奖状挂满了四周的墙壁。该公司是几年前由四个较小的厂合并组建的，即将离任的刘某从合并时就一直担任公司董事长兼总经理。公司职工对他的口碑也较好，认为他有技术、有干劲，任职以来任劳任怨，以致积劳成疾，这也是他这次离任的重要原因。公司近几年的发展，刘某功不可没。

经过审计，基本证实了大家的看法，刘某的业绩摆在那里，产值、销售、出口每年都有较大的增长，利润总额和净利润也一直维持在同行业较高水平上。

但是审计组在审计中也发现该公司在表面的繁荣之下存在管理松弛，特别是财务管理薄弱，合并时的一些遗留问题一直没有得到解决的诸多问题。尤其是往来账——应收账款、其他应收款的混乱情况令人吃惊。由于这个企业的客户比较分散，应收账款明细账户共达 1 600 多户，欠款余额从十几元到上百万元的都混在一起。审计组通过采用抽样法，抽取一定数量会计账证进行详细检查，发现存在的问题主

要有：一是明细账中有一个名为“综合户”的账户，是将许多零星客户合在一起记账，但是年终却没有整理提供各客户的余额清单。二是客户名称存在较多的张冠李戴的情况。有的是同一个客户却在两个账户上记账，如金水市百货公司和金水百货公司，经查核，其实是同一个单位，却记在两个账户中。有的是两个客户又混在一个账户中，如星光百货公司和星光百货商店，经查核是两个不同的单位，却记在同一个账户中。至于发货时记应收账款，收款时记应付账款的情况也不少。三是存在较多的已多年没有往来的挂账客户，未及时进行正确会计处理等。

审计组撰写的审计报告对这些混乱的财务问题都作了如实反映，并且在实事求是地评价了刘某多年来的工作业绩之后，也客观地指出了企业在成绩背后存在的严重的管理混乱和潜亏问题。

在现场审计工作结束后的座谈会上，审计组向该公司反馈了审计报告征求意见稿的主要内容，并对相关问题作了说明；刘某在会上承认了公司存在的这些问题，并表示对审计组查出的问题，将提醒公司后任领导改进工作，也促使他在新的工作岗位上进一步做好工作。

要求：依据1、2的资料，分组讨论后书面表达你对审计概念的理解（不少于1 000字）。

3. 中国证监会2010年2月8日通报称，夏新电子未准确披露金额为2.8亿元的商业承兑汇票，并在2006年年度虚增利润4 077万元，而天健华证中州（北京）会计师事务所在对夏新电子年度财务报告审计过程中，为夏新电子2006年年度财务报告出具了无保留意见审计报告。证监会认为天健华证中州（北京）会计师事务所在对夏新电子年度财务报告审计过程中，未实施必要的审计程序，未收集充分的审计证据，导致出具了含有虚假内容的审计报告，被证监会处罚。

要求：试分析天健华证中州会计师事务所对“夏新电子”的年度财务报告审计主要体现哪一项审计职能。

4. 2014年2月19日，中注协发布2013年注册会计师年报审计情况快报（第四期），文中提及“截至2月17日，19家会计事务所共计为41家上市公司出具了财务报表审计报告，2月11日~2月17日，4家事务所共计为4家上市公司出具了内部控制审计报告”。

要求：简要说明上述审计活动的审计关系人及其相互关系。

5. 某大学没有独立设置的审计机构，内部财务及相关法规执行的监督职责一直由学院财务处“兼任”。2005年5月该大学所在省的审计厅要求该大学设置独立的内部审计机构，校长想不明白，审计和会计不是有密切联系吗，为什么要分开？

要求：请代审计机关为该位校长解释疑惑。

6. 审计人员需要审查美利达有限责任公司2013年12月31日的资产负债表，该公司资产负债表有关内容见表1-1。通过初步分析判断，审计人员认为该公司存货资产占公司总资产的比重较高，先决定抽查资产负债表的存货项目填列的正确性以及存在性。

审计人员发现资产负债表的存货项目主要是由原材料和在产品组成，故首先调阅了12月份的原材料总账、生产成本总账、原材料收发结存月报表（明细表）以及存货盘存表。具体内容分别见表1-2、表1-3、表1-4、表1-5。

表1-1　　资产负债表（部分）

编制单位：美利达公司　　2013年12月31日　　单位：元

资产	期末数	负债和所有者权益	期末数
库存现金	4 000.00	短期借款	42 000.00
银行存款	96 640.00	应付账款	136 000.00
应收账款	22 516.00	应交税费	12 000.00
存货	250 800.00	其中：增值税	2 400.00
其中：原材料	120 000.00	企业所得税	9 600.00
在产品	130 800.00	负债合计	188 000.00
产成品	0.00	实收资本	400 000.00
固定资产净值	247 200.00	盈余公积	10 000.00
		未分配利润	211 560.00
		所有者权益合计	431 156.00
资产总计	621 156.00	负债和所有者权益合计	621 156.00

表1-2　　原材料总账　　单位：元

2012		凭证号	摘要	收入	发出	结存
月	日					
12	1		期初结余			26 000.00
12	2		购入	150 000.00		
12	16		购入	240 000.00		
12	31		生产领用		296 000.00	120 000.00
12	31		小计	390 000.00		120 000.00

表1-3　　生产成本总账　　单位：元

成本项目	直接材料	直接人工	制造费用	合计
期初在产品	40 000.00	4 000.00	8 000.00	52 000.00
本期投入	296 000.00	32 000.00	50 000.00	378 000.00
费用合计	336 000.00	36 000.00	58 000.00	430 000.00

表1-3(续)

成本项目	直接材料	直接人工	制造费用	合计
单位成本	2 240.00	288.00	464.00	2 992.00
结转产成品（200件）	224 000.00	28 800.00	46 400.00	299 200.00
期末在产品（100件）	112 000.00	7 200.00	11 600.00	130 800.00

表1-4　　原材料收发结存月报表

		A材料	B材料	C材料	D材料	合计
期初	数量	300件	80千克	80套	400千克	
	单价（元）	40.00	100.00	50.00	5.00	
	金额（元）	12 000.00	8 000.00	4 000.00	2 000.00	26 000.00
收入	数量	5 200件	1 000千克	1 440套	2 000千克	
	单价（元）	40.00	100.00	50.00	5.00	
	金额（元）	208 000.00	100 000.00	72 000.00	10 000.00	390 000.00
发出	数量	1 400件	720千克	400套	1 600千克	
	单价（元）	40.00	100.00	50.00	5.00	
	金额（元）	164 000.00	72 000.00	20 000.00	8 000.00	264 000.00
结存	数量	1 400件	360千克	1 120套	800千克	
	单价（元）	40.00	100.00	50.00	5.00	
	金额（元）	56 000.00	36 000.00	56 000.00	4 000.00	152 000.00

表1-5　　存货盘存表

2012年12月31日

存货名称	单位	数量
原材料：A	件	1 400
B	千克	360
C	套	1 120
D	千克	800
在产品	件	100
产成品	件	0

要求：

（1）为查实资产负债表存在的问题审计人员使用了哪些审计方法？

（2）判断资产负债表存货项目的正确性并说明如何调整。

模块一　项目二　审计组织和审计程序

一、单项选择题

1. 关于内部审计机构设置，下列体制中独立性程度相对较高的是（　　）。
   A. 隶属于公司总会计师
   B. 隶属于部门或单位的行政负责人
   C. 隶属于本部门或本单位的财务会计机构
   D. 隶属于董事会下设的审计委员会
2. 关于我国注册会计师的说法，正确的是（　　）。
   A. 只要通过注册会计师考试，就取得注册会计师执业资格
   B. 注册会计师个人只有加入或成立一家事务所，才能对外承接审计业务
   C. 注册会计师可以自行对外承接审计业务
   D. 只要参加注册会计师资格考试合格，即可成为执业注册会计师，可以签发审计报
3. 关于我国国家审计机关，正确的是（　　）。
   A. 国家审计机关的职责与会计事务所的业务范围一样，都是做审计
   B. 国家审计机关的职责主要是对国家公共资金、国有资产的经营、管理和使用的监督
   C. 我国国家审计机关隶属于全国人民代表大会
   D. 我国的国家审计机关对审计中发现的问题没有处理权
4. 下列属于会计事务所注册会计师审计工作的程序有（　　）。
   A. 发出审计通书　　B. 签订审计业务约定书
   C. 做出审计处理决定　　D. 编制年度审计项目计划
5. 下列说法正确的是（　　）。
   A. 无论哪种机构进行审计，都应当有商定审计收费的程序
   B. 国家审计机关可以遵从被审计单位的意愿决定是否开展审计
   C. 对于委托审计的动机不良，审计风险较高的客户，会计事务所可以不接受委托
   D. 审计业务约定书是对会计事务所的权利和被审计单位的义务作出明确约定的具有合同性质的书面文件
6. 审计人员形成审计结论，发表审计意见的直接依据是（　　）。
   A. 审计风险　　B. 审计计划
   C. 审计过程　　D. 审计工作底稿

二、多项选择题

1. 我国的审计组织机构有三种，即（　　）。

A. 国家审计机关　　B. 内部审计机构

C. 社会审计组织　　D. 经济监督机构

2. 注册会计师事务所的特点，下列正确的说法有（　　）。

A. 它不依附、不隶属于任何组织　　B. 审计的独立性较强

C. 自收自支、独立核算　　D. 自负盈亏、依法纳税

3. 我国注册会计师主要的审计业务范围有（　　）。

A. 审查企业财务报表，出具审计报告

B. 验证企业资本，出具验资报告

C. 办理企业合并、分立、清算事宜中的审计业务，出具有关的报告

D. 法律、行政法规规定的其他审计业务

4. 下列哪些工作是国家审计和注册会计师审计都要做的？（　　）

A. 了解被审计单位基本概况

B. 撰写审计报告

C. 搜集审计证据

D. 编制审计工作底稿

5. 关于 CPA 确定实质性测试，下列说法错误的是（　　）。

A. 确定实质性测试程序属于审计计划阶段要考虑的工作之一

B. 一般说来，实质性测试程序应当写入具体审计计划

C. 一般说来，实质性测试程序应当写入总体审计策略

D. 在具体审计计划中，实质性测试程序一旦确定就不得改变

6. 下列属于审计业务约定书应当约定的项目有（　　）。

A. 审计的目标　　B. 双方的责任和义务

C. 审计收费　　D. 被审计单位应提供的协作

三、审计实务题

1. 根据我国《审计法》的规定，2013 年 8 月至 9 月，审计署对北京市密云县 2012 年机构运转支出情况进行了审计调查。主要审计调查结果公告内容如下：

一、基本情况

2012 年年底，该县设有行政机关和事业单位共计 655 个，其中行政机关 106 个，全额拨款事业单位 518 个，差额拨款事业单位 11 个，自收自支事业单位 20 个。上述机构人员编制共计 20 836 人，其中行政编制 3 883 人，事业编制 16 598 人，工勤编制 355 人。

审计调查表明，该县上述机构 2012 年年底财政实际供养人员共计 29 028 人，其中行政人员 3 826 人，事业人员 14 493 人，工勤人员 304 人，12 类项目生 626 人，合同聘用人员 2 896 人，离退休人员 6 883 人。

当年实际发生机构运转支出 368 360.43 万元，其中人员经费支出 237 133.93 万元，公用经费支出 131 226.5 万元。

二、审计调查发现的主要问题

（一）人员经费和公用经费超预算支出

2012 年，该县财政供养人员经费实际支出超出预算 17 133.26 万元，主要用于事业收入安排。

公用经费实际支出超出预算 83 235.54 万元，主要是县直差额预算单位通过事业收入等安排支出 74 080.80 万元和部分县直机构通过挤列项目经费等方式安排支出 9 154.74 万元。

合同聘用人员经费支出超出预算 1 217.83 万元，均通过挤列项目经费等支出安排。

（二）部分机构存在超编人员

2012 年年底，该县人大常务委员会办公室、政协委员会办公室、公安局等 20 个机构行政人员超编 87 人，市政市容管理委员会、文化委员会和穆家峪镇人民政府等 29 个机构事业人员超编 278 人。

（三）公务用车存在编制外长期租用和借用情况

2012 年年底，该县实际配备及使用车辆 2 180 辆，包括长期租用车辆 17 辆，借用其他单位车辆 88 辆。

（四）向非本级预算单位拨付运转经费

2012 年，该县财政局向国税局、质量技术监督局、公安消防支队等非本级预算单位拨付日常运转经费 1 879.21 万元。

审计署指出本次调查发现的问题后，密云县政府积极采取措施进行整改。

要求：以上述审计活动资料为背景，说明国家审计机关的职责和权限。

2. 小张、小王和小李三人是从小就在一起玩耍的好朋友，但高考后三人的人生轨迹发生了较大变化。小王由于没有考上大学，高中毕业后选择在家乡自主创业，独资开了一家泰熙家包饭连锁店，开业 5 年以来生意一直较为红火。小王和小李虽然考上一所财经学院，但毕业后曾经多次参加公务员考试和国有企业招考，皆失利，后选择回家乡发展，两人在家乡城市就业于 2 家民营企业，工作较为轻松清闲，但收入较低。

2012 年 12 月 25 日，三人聚会时，小王和小李向小张倾诉生活的苦恼，小张提议小王和小李两人各拿出一些资金与他一起合伙经营泰熙家包饭生意连锁店，如果年底盈利三人按照各自出资比例分配盈利。小王和小李感觉这个方案很好，除了上班领固定工资还可以从连锁店分得利润，可以大大提高生活水平。于是小王和小李各自拿出毕业后东拼西凑的积蓄 3 万元，于 2012 年 12 月 31 日交给小张作为扩大经营的本钱。

由于小王和小李平时要上班，没有时间和精力去店里了解经营情况，店里的管理事务全由小张一人负责。到年底，小张拿出店里的财务报表让小王和小李看，并对他们解释说，2013 年店面租金上涨，做包饭的主要原材料涨价，店里 3 名员工的工资也上涨了，总之，经营成本上升，客流量与 2012 年比较却没有大的变化，2013 年虽然不亏损，但税后净盈利只有 1 000 元，所以小王和小李虽然为连锁店投资了，但今年几乎分不到钱。小王和小李听了大失所望，同时也将信将疑。小王随即向店里某员工打听内情，该员工告诉小王今年连锁店的生意相当好，他估计净赚 50 万元没问题。小王即将该情况告诉了小李，并要小李与他一起去找小张要钱。小李认为，俗话说得好，亲兄弟，明算账。既然小张有隐瞒连锁店真实经营情况的嫌疑，那他拿出来的会计报表就不一定真实公允。但我们都是好朋友，直接说出我们的怀疑可能破坏友谊。我们一起说服小张，请一家会计事务所，让注册会计师对连锁店会计报表进行审计，等弄清楚连锁店真实的盈利情况以后，再考虑是不是有钱分给我们的问题。如果现在就稀里糊涂去找小张要钱，说一些无凭无据的话，弄不好可能伤害三人的感情。小王十分赞同小李的想法。

要求：

（1）试分析小李说的办法能不能帮助他们解决问题？

（2）以本例事件为背景说明你对注册会计师职业目标的理解。

3. 湘宁市审计局于 2014 年 1 月 15 日派出由工业审计科科长刘克明为组长的 5 人审计小组，对市属国有独资企业湘宁江风服装有限责任公司 2013 年年度财务收支情况进行审计。

要求：请代审计组长刘克明设计一份被审计单位概况表，以形成了解湘宁江风服装有限责任公司基本情况的审计记录。

（注：对于审计人员认为必须了解但暂时不能明确的项目只列出要素项目名称即可，表格格式可以自由设计。）

4. 2014 年 1 月 5 日，华信会计事务所接受红星股份有限公司委托对该公司 2013 年年度财务报表进行审计。审计范围包括红星股份有限公司 2013 年 12 月 31 日的资产负债表，2013 年度的利润表、现金流量表以及会计报表附注。

双方初步达成以下共识：审计工作的主要目标是对该公司财务报表反映的 2013 年 12 月 31 日的财务状况和 2013 年度的经营成果及现金流量的公允性发表审计意见；双方确定了该项目审计费为 5 万元人民币，红星股份有限公司于 2014 年 2 月 28 日前足额支付该笔费用。华信会计事务所于 2014 年 3 月 10 日前出具审计报告；参与该审计项目的注册会计师的交通费、食宿费由被审计单位承担。

双方还就各自的责任义务以及其他事项作了详细商讨，拟写进审计业务约定书中，以减少不必要的误解和分歧。

要求：请代华信会计事务所制作一份审计业务约定书。

模块一　项目三　审计准则、职业道德与法律责任

一、单项选择题

1.（　　）是我国注册会计师的主要业务。

A. 审计业务　　B. 审阅业务

C. 其他鉴证业务　　D. 相关服务业务

2. 关于注册会计师执行与鉴证业务不相容的工作，下列说法中正确的是（　　）。

A. 注册会计师可以同时从事与提供专业服务不相容的业务、职业或活动

B. 在我国，会计事务所不得为上市公司同时提供编制财务报表和审计服务

C. 注册会计师同时从事与提供鉴证服务不相容的服务，不会损害鉴证业务的独立性

D. 对于被审计单位提供非鉴证业务的需求，注册会计师不需要评价非鉴证业务与鉴证业务是否相容

3. 最早制定审计准则的国家是（　　）。

A. 英国　　B. 加拿大

C. 美国　　D. 法国

4. 关于注册会计师在执业中的过失，正确的是（　　）。

A. 重大过失是指注册会计师没有完全遵循专业标准，或没有保持较高程度的职业谨慎执行审计

B. 普通过失是指注册会计师连最起码的职业谨慎都没有保持，或根本就没有遵守专业标准执行审计

C. 重大过失是指注册会计师连最起码的职业谨慎都没有保持，或根本就没有遵守专业标准执行审计

D. 在实践工作中，是否存在过失的认定是以其他注册会计师在不同条件下能够做到的职业谨慎为参照标准进行判断的

5. 注册会计师执业的下列情形中，属于欺诈的是（　　）。

A. 违反了与委托人的某项约定，给委托人造成损失，被利益关系人起诉要求赔偿

B. 明知委托人的财务报表有重大错报却加以虚伪的陈述，出具不当的审计报告

C. 没有保持较高程度的职业谨慎执行审计，导致审计报告的意见有失实之处

D. 连最起码的职业谨慎都没有保持，或完全没有遵守专业标准执行审计，出具了严重失实的审计报告

二、多项选择题

1. 我国审计组织由（　　）三大部分组成。

A. 国家审计机关　　B. 内部审计机构

C. 跨国会计组织　　D. 注册会计师审计组织

2. 目前，我国注册会计师的业务范围有（　　）。

A. 审计业务　　B. 审阅业务

C. 其他鉴证业务　　D. 相关服务业务

3. 注册会计师职业道德的基本原则包括（　　）。

A. 独立、客观　　B. 专业胜任能力

C. 保持应有职业谨慎　　D. 保守商业秘密

4. 注册会计师承担法律责任的原因主要是由于在执业中存在（　　）行为导致的。

A. 违约　　B. 过失

C. 不负责任　　D. 欺诈

5. 关于注册会计师的重大过失，下列说法中正确的是（　　）。

A. 在执业中连最起码的职业谨慎都没有保持

B. 根本就没有遵守专业标准执行审计

C. 对于重要被审计项目，完全没有实施相应的审计程序，在没有收集关键审计证据的情况下就出具审计报告

D. 审计报告的意见没有客观公正地反映被审计单位的财务状况、经营成果和现金流量

6. 按照我国现行法律法规，注册会计师承担的法律责任种类有（　　）。

A. 民事责任　　B. 行政责任

C. 刑事责任　　D. 重大过失责任

三、审计实务题

1. 李华是某会计师事务所的注册会计师。2014 年 1 月，李华所在的会计师事务所接受委托，对春光公司 2013 年年度财务报表进行审计。会计师事务所主任指派李华与另两名注册会计师负责该审计项目，李华任该审计项目负责人。但李华于 2012 年 3 月才从春光公司离职，他在离职前曾担任春光公司总经理，李华的妻子担任春光公司财务人员且持有春光公司股票。其他两名注册会计师认为，按照注册会计师职业道德规范要求，李华不应当参加该项审计业务，以免春光公司股东对该次审计

的独立性产生质疑，从而影响审计报告的权威性。

要求：试分析在上述审计活动中，注册会计师李华是否需要回避？

2. 某会计师事务所注册会计师助理人员刘某为给自己所在事务所招揽审计业务获得会计师事务所的奖金，找到担任某化工集团公司（上市公司）财务部经理、大学同学张某。刘某希望张某游说公司领导将集团公司年度财务报告审计项目介绍给他所在的事务所，张某认为给老同学帮忙可以，但按照现行规定，刘某所在的会计师事务所规模较小，不具备承揽上市公司审计业务的资质，将本集团公司审计业务委托给张某所在事务所有困难。刘某当即承诺："你说的这些问题不用担心，我们事务所可以再临时聘请几个在著名会计师事务所执业的注册会计师一起承担该审计项目，收取的审计费大家共同分配，并且保证审计收费低于其他会计师事务所，审计报告的意见结论包你们满意，不满意不收费。"

要求：试分析注册会计师助理刘某的言行有哪些地方违反职业道德。

3. 2005 年 6 月 16 日下午 4 时多，河南岳华会计师事务所董事长邹源签收了一份文件。在这份由河南省注册会计师协会（以下简称"省注协"）惩戒委员会发出的《惩戒决定书》中，对河南岳华会计师事务所有限公司及其法定代表人邹源予以公开谴责，而引来这一惩戒的则是近期岳华刊登在本地几家主流报纸上的一则"诚邀加盟"广告……

记者见到了省注协惩戒委员会的"惩戒令"——1 号文件，文中"违规事实"部分的主要表述如下："经查，河南岳华会计师事务所有限公司及其法定代表人邹源在从未与有关当事人沟通、当事人毫不知情的情况下，在新闻媒体显著位置刊登'诚邀加盟'广告，故意用容易引起歧义的语言点名'邀请'有关国家工作人员和其他中介机构正常执业人员加盟该机构，在社会上引起了误解，给有关当事人带来了严重的负面影响，性质极为恶劣，严重损害了行业形象。"

省注协认为，上述行为违反了《中国注册会计师职业道德规范指导意见》的有关规定，决定对岳华及其法定代表人邹源予以公开谴责。截至发稿时记者获知，公开谴责的通告将在当天有关媒体的显著位置刊出。

据了解，岳华与邹源受到惩戒源于其公开刊登于报纸的一则广告。记者从熟知我省会计师行业的资深人士处了解到，岳华会计师事务所是行业内颇具实力的一家会计师事务所，其董事长邹源兼任知名上市公司郑州煤电股份有限公司独立董事，同时还任中国注册会计师协会理事会理事、郑州大学兼职教授。那么，究竟是什么样的广告给知名的岳华和邹源惹来了一纸惩戒？

记者在 6 月 10 日的省会两家报纸上查阅到了岳华当天发布的"诚邀加盟"广告。概要如下："河南的岳华会计师事务所有限公司董事长邹源先生（中国注册会计师协会理事会理事、郑州大学兼职教授），竭诚邀请本行业的精英———亚太会计集团资深注册会计师、注册资产评估师：王宝娟、靳爱民、谢玉敏、郭德功、侯梅生、马明、李琳……（以下人员省略，共 22 人）加盟，共谋发展。岳华同仁向亚太精英同仁致以崇高的敬意。”落款为“河南岳华会计师事务所有限公司”。

6月14日，岳华又在媒体头版的显著位置刊登了同样的“诚邀加盟”广告，不同的是去掉了原来的“亚太会计集团”字样，人员名单上则增加了“业界著名专家、学者赵江涛（退休）、毕治军、徐东升”。

记者了解到，亚太会计集团是我省排名第一的会计师事务所，承担了众多知名上市公司的审计工作，也是岳华目前最大的竞争对手。6月10日名单上所列出的人员全部是该所的业务骨干，而6月14日新增加的3人目前分别担任河南省财政厅厅长、省注协秘书长和省注协监管部主任，也就是惩戒决定书中所说的“有关国家工作人员”。

这样的广告是否违法违规？如何界定该行为的性质？是否属于正当竞争？围绕这些问题，各方看法不一。

要求：

（1）请利用你所掌握的注册会计师职业道德知识谈谈你的看法。

（2）请你重新以岳华会计师事务所名义写一份招聘员工的广告词（字数不限）。

模块一　项目四　审计的重要性和审计风险

一、单项选择题

1. 下列关于审计的重要性的概念，不正确的是（　　）。

A. 重要性是以财务报表信息使用者的视角看待的

B. 用金额数量表示的重要性即重要性水平

C. 注册会计师能够容忍的财务报表存在错报的最高限度

D. 注册会计师可容忍错报的最低点

2. 判断审计的重要性时，下列（　　）说法是正确的。

A. 不需要考虑错报金额大小

B. 错报金额大小是判断重要性的唯一因素

C. 注册会计师应当考虑错报的性质

D. 不必结合特定环境判断重要性

3. 确定财务报表层次和交易、账户余额和列报层次重要性水平时，正确的做法是（　　）。

A. 确定财务报表层次重要性水平时应选择合适的判断基础

B. 确定交易、账户余额和列报层次重要性水平时应选择合适的判断基础

C. 净利润波动较大时，则应当以当年的净利润作为确定重要性水平的基础

D. 在采用分配方法时，各类交易或账户余额和列报的重要性水平之和不应

当等于财务报表层次的重要性水平

4. 审计风险是指（　　）。

A. 各类交易、账户余额和列报层次考虑重大错报风险

B. 财务报表存在重大错报而注册会计师发表不恰当审计意见的可能性

C. 财务报表层次的重大错报风险

D. 注册会计师实施了设计的审计程序，却依然没有发现这种重大错报的可能性

5. 重大错报风险由固有风险和（　　）组成。

A. 审计风险　　B. 经营风险

C. 控制风险　　D. 检查风险

二、多项选择题

1. 财务报表层次重要性水平确定的方法有（　　）。

A. 固定比率法　　B. 分配的方法

C. 变动比率法　　D. 不分配的方法

2. 重要性与审计风险、审计证据的关系，正确的是（　　）。

A. 重要性水平与审计风险之间存在着反向关系

B. 重要性水平越高，审计风险越低；重要性水平越低，审计风险就越高

C. 重要性水平与审计证据之间存在着同向变动关系

D. 重要性水平越低，审计风险也越低；重要性水平越高，审计风险就越高

3. 对错报的重要性进行判断时，应当注意的是（　　）。

A. 一项错报对财务报表信息的影响范围越大、波及面越广，越重要

B. 一项错报对财务报表信息的影响范围越大、波及面越广，越不重要

C. 只要确定了重要性水平，就可以很容易判断财务报表中存在的错报是否重要

D. 应将错报的金额大小和性质结合起来判断重要性

4. 审计风险由（　　）和（　　）组成。

A. 固有风险　　B. 重大错报风险

C. 控制风险　　D. 检查风险

5. 关于重大错报风险与检查风险的关系，正确的是（　　）。

A. 重大错报风险评估水平越高，可接受的检查风险应越高

B. 重大错报风险评估水平越高，可接受的检查风险应越低

C. 注册会计师可以通过设计并实施恰当的审计程序，降低控制风险

D. 注册会计师可以通过设计并实施恰当的审计程序，降低检查风险

6. 关于重大错报风险，下列说法正确的是（　　）。

A. 重大错报风险主要取决于被审计单位内部控制的控制强弱和执行效果

B. 注册会计师不能够控制重大错报风险

C. 重大错报风险与检查风险呈反向变动关系

D. 注册会计师对重大错报风险水平评估越高，可接受的检查风险就越低，就必须扩大审计程序的范围，尽力减低检查风险，最终使得总体审计风险降至可接受水平

三、审计实务题

1. 注册会计师 A 和 B 对 XYZ 股份有限公司 2013 年年度财务报表进行审计。XYZ 公司未审计财务报表有关数据见表 1-6。

表 1-6　　XYZ 公司未审计财务报表有关项目数据

财务报表项目名称	金额（万元）
资产总计	200 000
股东权益总计	89 000
主营业务收入	250 000
利润总额	35 000
净利润	26 250

假定 A 和 B 所在的会计师事务所习惯选择资产总额、净资产、主营业务收入和净利润作为重要性水平判断的基础，采用固定比率法。固定百分比分别为 0.5%、1%、0.5%和 5%，且不考虑其他可能影响重要性水平的因素。

要求：请代 A、B 注册会计师确定对 XYZ 股份有限公司 2013 年财务报表审计中财务报表层次的重要性水平。

2. 中信会计师事务所承接华林酒店股份有限公司 2013 年财务报表审计业务，主审注册会计师为刘某和张某。

经刘某和张某初步了解，华林酒店股份有限公司是国内较大的酒店企业之一。多年来该公司的经营非常成功，利润呈稳步增长趋势。但自 2012 年以来，随着酒店行业竞争的加剧及国家宏观政策环境的变化，公司的盈利能力有大幅下降，资金周转危机加剧，拖欠债务不断增加。财务人员认为，如果在未来半年内不能筹集到大笔新资金，公司的持续经营能力会受到很大影响。

华林公司的管理层有关人士私底下谈论说，如果公司 2013 年的财务报表能够显示出公司的利润在以前 2 个年度基础上稳步上升，就能够想办法筹集到资金，就可以化解经营风险和财务风险，使企业重新走向繁荣。

要求：如果你是华林酒店财务报表审计的注册会计师，你认为华林酒店的哪些信号可能表明财务报表存在重大错报风险？

3. 1994 年 6 月 17 日广夏（银川）实业股份有限公司以“银广夏 A”的名字在深圳交易所上市。公司主营业务是软磁盘生产，然后进入全面多元化投资阶段。“天津广夏”是银广夏集团在 1994 年天津成立的控股子公司，原名为天津保洁品有限公司。

银广夏集团的利润绝大部分来自天津广夏，2000 年银广夏主营业务收入 9. 1 亿元，净利润为 4. 18 亿元。银广夏 2000 年 1 月 19 日公告说，当年天津广夏向德国诚信公司出口 2. 1 亿马克的姜油精等萃取产品，实际执行 1. 8 亿马克，按 1999 年年报提供的萃取产品利润率 66% 推算，天津广夏 2000 年创造的利润折合人民币达 4. 7 亿元。

天津广夏萃取产品如此之高的产量和如此之高的价格，经过多方面的证实是不可能的。《财经》杂志记者对此事进行多方面的调查，最后查明：与天津广夏签订订单的德国诚信贸易公司仅是一个注册资本为 10 万马克的小公司，根本没有能力与天津广夏签订如此大的订单；从天津海关取得的证据表明，天津广夏提供的报送单根本就不存在。至此真相大白：天津广夏 1999 年至 2000 年获得暴利的萃取产品出口纯属子虚乌有，是一场彻头彻尾的骗局。

值得深思的是，对银广夏进行年度报表审计的深圳中天勤会计师事务所却对银广夏集团提供的财务数据深信不疑，在年度利润和每股收益居高不合常理的情况下，为该集团 1999 年与 2000 年的年度报表签署了无保留意见的审计报告。

2001 年 9 月，中国证监会发布新闻指出，查明银广夏公司通过各种手段虚构利润的事实，为该公司提供审计服务的深圳中天勤会计师事务所及其 2 名签字注册会计师为银广夏公司出具了严重失实的审计报告。

在事件真相大白后，银广夏集团崩溃，进入“PT”公司的行列。2001 年 9 月 10 日，停牌 1 个月的银广夏公司股票以跌停板价格复牌，股价随之一路狂跌。在 10 月 8 日，股价从停牌前的 30. 79 元跌至 6. 59 元，近 68 亿元的市值蒸发，持有银广夏股票的投资者遭受重创。

深圳中天勤会计师事务所这个当时全国最大的会计师事务所解体，签字的注册会计师刘加荣、徐林文被吊销注册会计师资格，李有强等七人被司法机关追究刑事责任。

审计业界普遍认为，如果深圳中天勤会计师事务所的注册会计师只要稍稍多了解关注一下该公司的经营情况和原材料的销售行情，就会很容易对该公司出口销售业绩表示质疑，就不至于对存在如此明显重大错报的财务报表发表严重失实的审计意见。

要求：上网搜索“银广夏会计舞弊案”的相关资料，并结合前期所学关于审计职业道德与法律责任、审计重要性以及审计风险方面的知识，分析深圳中天勤会计师事务所审计失败的原因。

模块二 项目一 内部控制评审

一、单项选择题

1. 小规模企业的内部控制通常都较为薄弱，审计人员应该（　　）。

A. 增加符合性测试，增加实质性测试

B. 减少符合性测试，减少实质性测试

C. 增加符合性测试，减少实质性测试

D. 减少符合性测试，增加实质性测试

2. 下列各项中，预防员工贪污、挪用销货款最有效的方法是（　　）。

A. 收取顾客支票与收取顾客现金由不同人担任

B. 请顾客将货款直接汇入公司所指定的银行账户

C. 记录应收账款明细账的人员不得兼任出纳

D. 公司收到顾客支票后立即寄送收据给顾客

3. 在对被审计单位的内部控制系统进行符合性测试的基础上，应进一步对被审计事项进行（　　）。

A. 抽查　　B. 详查

C. 合规性测试　　D. 实质性测试

二、多项选择题

1. 内部控制系统描述的方法通常有（　　）。

A. 调查表法　　B. 文字表述法

C. 规划法　　D. 流程图法

2. 审计人员评审内部控制系统的最终目的在于确定内部控制系统的（　　）。

A. 风险水平　　B. 健全性

C. 科学性　　D. 有效性

3. 下列各项中，属于内部控制构成要素的是（　　）。

A. 控制环境　　B. 监督

C. 风险评估　　D. 信息与沟通

三、审计实务题

1. 东方贸易公司请你就下列问题提供咨询服务，该公司有三位员工必须分担下列工作：

（1）记录并保管总账；

（2）记录并保管应付账款明细账；

（3）记录并保管应收账款明细账；

（4）记录货币资金日记账；

（5）保管并填写支票；

（6）发出销货退回及折让的贷项通知单；

（7）调节银行存款日记账与银行存款对账单；

（8）保管并送存现金收入。

上述工作中，除（6）、（7）两项工作量较小外，其余各项工作量大体相当。

要求：假如这三位职工的能力都不成问题，而且只需要他们做上面列出的工作。请根据上述资料，说明应如何将这八项工作分配给三位职工，才能加强内部控制。

2. 大中华剧院的出纳员在剧院专设的售票室负责售票、收款工作，每日各场次所出售的戏票、电影票均事先连续编号。顾客一手交钱，出纳员一手交票。顾客买票后须将入场券交给收票员才能进入剧院，收票员将入场券撕成两半，正券交还给顾客，副券则投入加锁的票箱中。

要求：

（1）请问本例中在现金收入方面采取了哪些内部控制措施？

（2）假设售票员与收票员串通窃取现金收入，他们将采取哪些行动？

（3）对串通舞弊行为，采取何种措施可以揭发？

（4）你有什么建议可使其现金内部控制达到更佳的效果？

3. 私家香府是一个大型餐饮企业，因人员流动性很强，公司每周核实发放上周的员工工资。员工工资按计时工资制，并通过工时卡登记工作时间。计时员小李每周末将员工的工时卡收集起来，送交财务中心计算机录入员小刘。因采用了先进的计算机处理系统，小刘录入的数据无法更改，小刘录入完成后，由财务中心会计员老张依据所输入的数据来核算应付工资，并填制工资支票，同时由会计员小吴按照同一标准编制人工成本分配表和登记工资日记账。财务主管老周核对工资支票与工资日记账并确定无误后，签发工资支票和人工费用分配表，并直接交由小刘输入计算机以及到银行提取现金办理员工工资结算手续。办理完毕后，小刘将支票存根和人工成本分配表返还给老周，同时将员工的工时卡和工资卡一并返还给计时员小李，最后由小王将工资分发给每位员工。

要求：指出私家香府公司工薪控制中存在的一个严重缺陷是什么，思考这一缺陷可能导致错报的具体情况，并提出针对性的改进建议。

模块二　项目二　审计证据和审计工作底稿

一、单项选择题

1. 审计人员获取的下列证据中，（　　）的证明力最弱。

A. 应收账款函证回函　　B. 银行对账单

C. 销货发票　　D. 材料出库单

2. 一般情况下，盘点不能确定的是（　　）。

A. 有价证券的数量　　B. 库存现金的数量

C. 实物资产的数量　　D. 实物资产的价值

3. 下面各项中属于内部证据的是（　　）。

A. 火车票　　B. 购货发票

C. 函证信回函　　D. 材料出库单

4. 会计师事务所对审计工作底稿复核，首先应当由（　　）进行。

A. 审计助理人员　　B. 项目经理

C. 部门经理　　D. 主任会计师

5. 甲会计师事务所与A公司于2004年1月20日签订的2004年年度财务报表审计业务约定，完成了审计工作后的审计档案，应当至少保存至（　　）。

A. 2006年　　B. 2009年

C. 2014年　　D. 2015年

6. 注册会计师在审计过程中形成的审计工作底稿的所有权应当属于（　　）。

A. 被审计单位　　B. 会计师事务所

C. 注册会计师个人　　D. 预期使用者

二、多项选择题

1. 审计证据按外形不同可以划分为（　　）。

A. 实物证据　　B. 书面证据

C. 口头证据　　D. 环境证据

2. 签发审计报告前审计人员需要复核审计工作底稿，其主要复核（　　）。

A. 所采用的审计程序是否恰当

B. 所编制审计工作底稿的充分性

C. 审计过程中是否存在重大遗漏

D. 审计工作是否符合会计师事务所的质量要求

3. 注册会计师应当及时编制审计工作底稿，主要目的是（　　）。

A. 提供充分、适当的记录作为审计报告的基础

B. 提高审计工作的质量

C. 提供证据证明其按照中国注册会计师审计准则的规定执行了审计工作

D. 便于对审计结论进行有效复核和评价

三、审计实务题

1. 李某负责某服装公司的年度报表审计业务，审计小组另有小张、小吴、老杨、老王。李某对小组各成员作出如下的工作安排：

小张：负责现金盘点，重新编制银行存款余额调节表，银行存款函证，原材料盘点；

小吴：负责应收账款审计，包括账龄分析、应收账款函证；

老杨：负责固定资产审计，包括监盘、折旧计算；

老王：负责产成品审计，包括成本计算、期末产成品监盘。

两天后，李某主持小组会议，得到了如下消息：①本年增加的固定资产中有一进口设备，铭牌上不知是何种文字，故不能确定是否相符，其他盘点、计算、函证、分析的内容与公司提供的资料一致；②本年度收入与上年度持平，但主营业务成本、财务费用、管理费用大幅度下降，利润大幅度上升；③从采购部了解到，上年年底，服装面料的采购改为招标制，以致面料生产企业之间相互竞争，本年度面料单价平均下降约为10%。但小组成员认为主营业务成本中工资成本应该大幅度上升，管理费用和财务费用大幅度下降不符合常理。

要求：

（1）试分析各成员获取的分别是什么类型的审计证据，分别执行的是什么审计程序。

（2）试分析对不能确定的固定资产及小组成员的疑问，还应该执行什么审计程序，取得什么审计证据。

2. 2012年6月30日某审计局对某钢厂劳动服务公司进行财务审计，在检查现金管理时，发现该单位现金日记账余额为5 676元，实存现金只有290元。另外，有李××借2 000元；还有2 000元是为其他单位垫付的，经手人写了一张借条。

要求：编制库存现金情况表（见表1-7）并指出该单位在库存现金管理上存在什么问题。请提出审计意见。

表 1-7　　库存现金情况表

年　月　日　　　　单位：

项目	金额	备注
库存现金实际清点数额 加：已付讫未入账的支出凭证 加：白条抵库数 库存现金实际占用额 库存现金账面结存额		

企业会计：　　出纳：　　制表：　　复核：　　单位公章：

3. 会计师事务所于 2011 年 2 月 5 日~2011 年 2 月 12 日完成了对 X 公司的年报审计（审计报告的签发日为 2011 年 2 月 12 日）。兹有部分审计工作底稿如下：

（1）营业执照、公司章程；

（2）重要的法律文件、合同、协议；

（3）审计业务约定书；

（4）审计计划；

（5）审计报告；

（6）预备调查底稿；

（7）符合性测试底稿；

（8）实质性测试底稿。

要求：将上述审计底稿按照性质、用途归类后的序号填入表 1-8。

表 1-8　　审计工作底稿类型分类表

类型	序号
综合类工作底稿	
业务类工作底稿	
备查类工作底稿	

模块二　项目三　销售与收款循环审计

一、单项选择题

1. 销售与收款循环业务的起点是（　　）。

A. 顾客提出订货要求　　B. 向顾客提供商品或劳务

C. 商品或劳务转化为应收账款　　D. 收入货币资金

2. 对于未函证的应收账款，审计人员应当执行的最有效的审计程序是（　　）。

A. 重新测试相关的内部控制制度　　B. 抽查有关原始凭证

C. 实施分析程序　　D. 审查资产负债表日后的收款情况

3. 审计人员审计应收账款的目标，不包括（　　）。

A. 确定应收账款内部控制的存在性

B. 确定应收账款记录的完整性

C. 确定应收账款的回收期

D. 确定应收账款在财务报表上披露的恰当性

4. 不属于坏账准备的审计目标是（　　）。

A. 确定计提坏账准备比率是否恰当，坏账准备是否充分

B. 确定坏账准备增减变动的记录是否完整

C. 确定坏账准备的相关内部控制是否健全、有效

D. 确定坏账准备在财务报表上的披露是否恰当

5. 为了证实已发生的销售业务是否均已登记入账，有效的做法是（　　）。

A. 只审查有关原始凭证　　B. 只审查销售日记账

C. 由日记账追查有关原始凭证　　D. 由有关原始凭证追查销售日记账

6. 审计人员为了证实被审计单位是否存在高估或低估销售业务的行为，通常在实施的分析程序中效果最差的是（　　）。

A. 比较本年与以前年度折扣折让占销售收入的比例

B. 将大额欠款户的欠款额合计与以前年度比较

C. 比较本年与以前年度的毛利率

D. 按月比较销售额

7. 审查应收账款的最重要的实质性程序是（　　）。

A. 函证　　B. 询问

C. 观察　　D. 计算

8. 某审计人员审计X公司2014年年度财务报表时，将其交易和账户划分为销售与收款循环、购货与付款循环、生产与存货循环、筹资与投资循环。在一般情况下，该审计人员应将预收账款及销售费用项目划入（　　）。

A. 销售与收款循环　　B. 购货与付款循环

C. 生产与存货循环　　D. 筹资与投资循环

9. 甲公司将2014年年度的主营业务收入列入2013年年度的财务报表，则其2013年年度财务报表存在错误的认定是（　　）。

A. 总体合理性　　B. 计价或分摊

C. 发生　　D. 完整性

10. 在确定函证对象时，以下项目中应当进行函证的是（　　）。

A. 函证很可能无效的应收账款

B. 交易频繁但期末余额较小的应收账款

C. 执行其他审计程序可以确认的应收账款

D. 应纳入审计范围内子公司的款项

二、多项选择题

1. 下列（　　）情况下，审计人员应采用积极式的函证。

A. 上年度的积极式函证回复率特别低

B. 预计差错率较大

C. 个别账户的欠款金额较大

D. 被审计单位内部控制无效

2. 如果大额逾期的应收账款经第二次函证仍未收到回函，审计人员不适宜执行的审计程序是（　　）。

A. 增加对应收账款的控制测试

B. 提请被审计单位增加坏账准备计提数

C. 审查应收账款明细账

D. 审查客户订货单、销售发票及产品出库单

3. 审计人员应选择应收账款的重要项目进行函证，并根据函证结果分别作出的处理包括（　　）。

A. 回函金额不符的，应查明原因

B. 未回函的，可进行复函

C. 未回函的，采用替代方法进行检查

D. 回函余额相符的，应抽查有关原始凭证

4. 审计人员在审查被审计单位登记入账的销货业务确实已经发生，为验证其真实性，可采用（　　）进行测试。

A. 将发运凭证与存货永续记录中发运记录核对

B. 核对销货明细账、销货发票副联及发运凭证

C. 将应收账款明细账中贷方分录与真实的证据核对

D. 复核销货总账、明细账、应收账款明细账中的大额项目和异常项目

5. 登记入账的销货业务是真实的，对这一目标，审计人员一般关心的错误类型有（　　）。

A. 未曾发货却已将销货业务登记入账

B. 销货业务重复入账

C. 向虚构的顾客发货

D. 销货业务发生不入账

6. 主营业务收入审计目标有（　　）。

A. 确定主营业务收入是否全部入账

B. 确定对销货退回、销售折扣与折让的处理是否恰当

C. 确定主营业务收入的会计处理是否正确

D. 确定主营业务收入的披露是否恰当

7. 在审计实务中，审计人员实施销售截止测试的路线有（　　）。

A. 以报表为起点　　B. 以账簿记录为起点

C. 以销售发票为起点　　D. 以发运凭证为起点

8. 在对特定会计期间主营业务收入进行审计时，注册会计师应重点关注的与被审计单位主营业务收入确认有密切关系的日期包括（　　）。

A. 销售截止测试实施日期　　B. 发票开具日期或者收款日期

C. 记账日期　　D. 发货日期或提供劳务日期

9. 注册会计师确定应收账款函证数量的大小、范围时，下列说法正确的是（　　）。

A. 应收账款在全部资产中越重要，应收账款函证的数量越多

B. 被审计单位的内部控制越弱，应收账款函证的数量越少

C. 以前年度的函证差异越大，应收账款函证数量越多

D. 消极函证方式时，应收账款函证数量越多

10. 甲企业下列各项业务中，会导致企业当期营业利润减少的有（　　）。

A. 出售无形资产发生的净损失

B. 计提行政管理部门固定资产折旧

C. 办理银行承兑汇票支付的手续费

D. 出售交易性金融资产发生的净损失

三、判断题

1. 对主营业务收入项目实施截止测试，其目的主要在于确定被审计单位主营业务收入的会计记录归属期是否正确，应计入本期或下期的主营业务收入是否被推迟到下期或提前至本期。（　　）

2. 如果被审计单位的相关内部控制不存在，或被审计单位的相关内部控制尽管存在但未得到遵循，或内部控制测试的工作量可能大于进行内部控制测试所减少的实质性程序的工作量，则审计人员不应再继续实施控制测试，而应该直接实施实质性程序。（　　）

3. 审计人员判定客户所提取坏账准备是否恰当的关键，是要分析、判断有多少应收账款属于无法收回的。（　　）

4. 由于审计人员不可能对所有应收账款进行函证，因此，对未函证的应收账款，审计人员应抽查有关原始凭证，如销售合同、销售订单、销售发票副本及发运凭证等，以验证这些应收账款的真实性。（　　）

5. 在销售业务审计中，测试真实性目标时，起点应是发货凭证；测试完整性目标时，起点应是相关明细账。 （ ）

6. 无论被审计单位采用何种方式销售商品，注册会计师都不应认可其在没有收到货款的情况下确认销售收入。 （ ）

7. 销售发票是营业收入的主要凭证，因此，审计时只能采用详查法。 （ ）

8. 应收账款的询证函应由被审计单位签章和寄发。 （ ）

9. 分析应收账款的账龄，可以了解应收账款的可收回性，但无助于确定坏账准备计提是否充分。 （ ）

10. 对于未曾发货却将销货交易登记入账的情况，注册会计师可以从主营业务收入明细账中抽取几笔，追查至有无装运单及其他凭证。 （ ）

四、审计实务题

1. 注册会计师在审查 A 公司销售业务时，发现该公司于 2013 年 12 月 20 日向 B 公司采用分期收款方式销售甲产品 200 件，每件产品成本为 800 元，每件不含税售价为 1 000 元。双方约定：2013 年 12 月 20 日 B 公司收到货物时先付货款 40%，在以后 6 个月内再每月付货款的 10%。注册会计师在审查该公司“主营业务收入”和“主营业务成本”等账户时，发现该公司于 12 月将销售给 B 公司的 200 件甲产品全部确认收入，并同时结转产品销售成本。

要求：指出该公司在销售业务处理中存在的问题，并提出审计意见。

2. 审计人员审查美丰公司 2013 年利润表时，抽查了该公司 12 月份的销售业务，发现下列问题：

（1）4 日送交该公司不独立核算的门市部门甲产品 600 件，产品已收到，账中未作处理；

（2）8 日售给前锋工厂甲产品 800 件，货款已收到并已入账；

（3）12 日售给友联工厂乙产品 1 600 件，货款收到，未入账；

（4）20 日公司托儿所大修理领用乙产品 100 件，只按成本转账；

（5）28 日前锋工厂退回质量有问题的甲产品 400 件，产品已收到，账中未作处理；

（6）31 日库存商品账中对 12 日售给友联工厂的乙产品未作结转。

另知，甲产品单位售价为 10 元，制造成本为 7 元/件；乙产品单位售价为 20 元，制造成本为 15 元/件。

要求：

（1）指出该公司在销售业务中存在的问题；

（2）计算出应调整的销售收入、销售成本；

（3）提出处理意见。

3. A 公司于 2014 年 2 月委托会计师事务所审计公司 2013 年年度财务报表。审计人员甲是该审计项目的负责人，他决定在决算日前先实施某项审计程序，包括对截止到 2013 年 11 月 30 日的应收账款进行函证。复函中 6 家顾客提出了以下意见：

（1）本公司资料处理系统无法复核贵公司的对账单；

（2）所欠余额 10 000 元已于 2013 年 11 月 20 日付讫；

（3）大体一致；

（4）经查贵公司 11 月 30 日的第 250352 号发票（金额为 7 500 元）系目的地交货，本公司收货日期为 12 月 5 日，因此，函证所称 11 月 30 日欠贵公司账款之事与事实不符；

（5）本公司曾于 2013 年 10 月 12 日预付货款 2 500 元，足以抵付对账单中所列两张发票的金额 1 500 元；

（6）所购货物从未收到。

要求：针对顾客复函中提出的这些意见，审计人员应采取何种步骤进行处理？

4. X 公司会计政策规定，对应收账款采用账龄分析法计提坏账准备。根据债务单位的财务状况、现金流量等情况，确定坏账准备计提比例分别为：账龄 1 年以内的（含 1 年，以下类推），按其余额的 10%计提；账龄 1~2 年的，按其余额的 30%计提；账龄 2~3 年的，按其余额的 50%计提；账龄 3 年以上的，按其余额的 80%计提。X 公司 2013 年 12 月 31 日未经审计的应收账款的余额为 51 929 000 元，相应的坏账准备余额为 6 364 900 元。应收账款账面余额明细情况见表 1-9。

表 1-9　　应收账款明细账余额表　　单位：元

应收账款明细账	1 年以内	1~2 年	2~3 年	3 年以上
应收账款——A 公司	35 150 000	500 000	932 000	
应收账款——B 公司	2 000 000	15 100 000	54 000	
应收账款——C 公司	600 000		25 000	
应收账款——D 公司	9 500 000	-12 000 000		
应收账款——E 公司				68 000
合计	47 250 000	3 600 000	1 011 000	68 000

要求：如果不考虑审计重要性水平，请回答注册会计师是否需要提出审计处理建议，若需要，请直接列示审计调整分录（审计调整分录均不考虑对 X 公司 2013 年年度的企业所得税、期末结转损益及利润分配的影响）。

5. 某企业实行承包经营制。承包合同规定：承包人刘某按企业当年利润总额的 10%收取承包收入。审计人员在查阅该承包企业账目时，发现 12 月份“主营业务收入”“应收账款”账户比以往各期发生额大。经查阅明细账，发现“应收账款”明细账未作登记，审计人员怀疑其有通过虚列收入、虚增当期利润手段套取承包收入的问题。经核实，在承包期内已向承包人支付兑现 100 000 元承包费。

审计人员根据账簿记录调阅有关凭证，发现 12 月 27 日 18#的凭证内容是：

借：应收账款　　1 053 000

　贷：主营业务收入　　900 000

　　　应交税费——应交增值税（销项税额）　　153 000

12 月 29 日 25#的凭证内容是：

借：应收账款　　702 000

　贷：主营业务收入　　600 000

　　　应交税费——应交增值税（销项税额）　　102 000

12 月 30 日 30#的凭证内容是（红字金额用加框表示）：

借：应收账款　　[255 000]

　贷：应交税费——应交增值税（销项税额）　　[255 000]

经审查，上述三张记账凭证均未有任何原始凭证，虚列当期收入 150 万元，三笔业务在“库存商品”明细账和“应收账款”明细账中均未作登记，准备于下年年初将上述分录作销售退回处理。

要求：根据上述情况提出审计处理意见。

模块二　项目四　采购与付款循环审计

一、单项选择题

1. 在企业内部控制制度比较健全的情况下，下列可以证明有关采购交易的“发生”认定的凭据之一，同时也是采购交易轨迹的起点的是（　　）。

A. 订购单　　B. 请购单

C. 验收单　　D. 付款凭单

2. 采购和付款交易通常要依次经过（　　）几个业务活动。

A. 请购商品和劳务、编制订购单、验收商品、储存已验收商品、编制付款凭单、确认与记录负债、付款、记录现金与银行存款支出

B. 编制订购单、请购商品和劳务、验收商品、储存已验收商品、编制付款凭单、确认与记录负债、付款、记录现金与银行存款支出

C. 编制订购单、请购商品和劳务、编制付款凭单、储存已验收商品、验收商品、确认与记录负债、付款、记录现金与银行存款支出

D. 请购商品和劳务、编制付款凭单、验收商品、储存已验收商品、编制订购单、确认与记录负债、付款、记录现金与银行存款支出

3. 下列不属于注册会计师对被审计单位的采购与付款业务实施的控制测试的是（　　）。

A. 检查有无长期挂账的应付账款，注意其是否可能无需支付

B. 检查采购与付款业务授权批准手续是否健全，有无存在越权审批行为

C. 检查采购与付款业务相关岗位及人员设置情况，有无不相容职务混岗的现象

D. 检查凭证的登记、领用、传递、保管、注销手续是否健全，使用和保管制度是否存在漏洞

4. 下列属于付款交易的截止测试的是（　　）。

A. 确定期末最后签署的支票的号码，确保期后的支票支付未被当作本期的交易予以记录

B. 选择已记录采购的样本，检查相关的商品验收单，保证交易已计入正确的会计期间

C. 确定被审计单位期末用于识别未记录负债的程序，获取相关交易已记入应付账款证据

D. 复核截至审计外勤结束日记录在期后的付款，查找其是否在年底前发生的证据

5. 注册会计师如果对应付账款进行函证，通常采用的函证方式为（　　）。

A. 积极式　　B. 消极式

C. 积极式和消极式的结合　　D. 积极式或消极式均可

6. A 注册会计师在审查 W 公司 2014 年年度应付账款项目时，发现 W 公司应付账款明细账中存在确实无法支付的巨额应付账款。对此，A 注册会计师应提请 W 公司管理层作（　　）的会计处理。

A. 借记“应付账款”科目，贷记“营业外收入”科目

B. 借记“坏账准备”科目，贷记“营业外收入”科目

C. 借记“应付账款”科目，贷记“资本公积”科目

D. 借记“坏账准备”科目，贷记“资本公积”科目

7. 注册会计师在对 A 公司 2013 年年度财务报表进行审计时，发现该公司 2013 年 3 月初向大众公司购入设备一台，实际支付买价 50 万元，增值税 8.5 万元，支付运杂费 1.5 万元，途中保险费 5 万元。该设备估计可使用 4 年，无残值。该企业固定资产折旧方法采用年数总和法。由于操作不当，该设备于 2013 年年末报废，A 公司责成有关人员赔偿 2 万元，收回变价收入 1 万元。注册会计师认为该设备的报废净损失为（　　）万元。

A. 36.55　　B. 39

C. 42.5　　D. 45.5

8. 注册会计师在对甲公司 2014 年年度财务报表进行审计时，发现该公司 2013

年6月20日开始自行建造的一条生产线，于2014年6月1日达到预定可使用状态，2014年7月1日办理竣工决算，2014年8月1日投入使用。该生产线建造成本为740万元，预计使用年限为5年，预计净残值为20万元。在采用年数总和法计提折旧的情况下，2014年该设备应计提的折旧额为（　　）万元。

A. 240　　B. 120

C. 100　　D. 80

9. 甲公司2014年年初固定资产原值为85 000万元，当年增加固定资产20 000万元，当年减少固定资产8 000万元，年末余额为97 000万元。2013年12月31日经审计的固定资产原值中，房屋建筑物和机器设备的比例为6∶4。甲公司房屋建筑物和机器设备的折旧年限分别为20年和10年，预计净残值为零，企业采用平均年限法计提折旧。A注册会计师注意到，甲公司2014年新增固定资产是6月份达到预计可使用状态的房屋，2014年减少的固定资产是8月份报废的机器设备。假定不考虑其他因素，估算的甲公司2014年年度折旧费用与以下数额最接近的是（　　）万元。

A. 6 344　　B. 6 823

C. 7 862　　D. 5 893

10. 下列企业会计处理中不正确的是（　　）。

A. 已达到预定可使用状态的固定资产，无论是否交付使用，尚未办理竣工决算的，应当按照估计价值确认为固定资产，并计提折旧；待办理了竣工决算手续后，再按实际成本调整原来的暂估价值，同时调整原已计提的折旧额

B. 处于修理、更新改造过程而停止使用的固定资产，符合固定资产确认条件的，应当转入在建工程，停止计提折旧；不符合确认条件的，不应转入在建工程，照提折旧

C. 持有待售的固定资产，不计提折旧，也不需要进行减值测试

D. 固定资产发生的更新改造支出等，符合固定资产确认条件的，应当计入固定资产成本，同时将被替换部分的账面价值扣除

二、多项选择题

1. 下列审计程序中，有助于证实采购交易记录的完整性认定的有（　　）。

A. 从有效的订购单追查至验收单　　B. 从验收单追查至采购明细账

C. 从付款凭证追查至购货发票　　D. 从购货发票追查至采购明细账

2. 以下符合付款业务的内部控制要求的是（　　）。

A. 定期与供应商核对应付账款、应付票据、预付款项等往来款项

B. 建立了退货管理制度，对退货条件、退货手续、货物出库、退货货款回

收等作出明确规定

C. 财会部门在办理付款业务时，对采购发票、结算凭证、验收证明等相关凭证的真实性、完整性、合法性及合规性进行严格的审核

D. 已到期的应付款项由主管会计办理结算与支付

3. 下列各项控制程序中，能够保证已发生的采购业务均已记录的有（　　）。

A. 请购单均经事先编号并已登记入账

B. 订货单均经事先编号并已登记入账

C. 验收单均经事先编号并已登记入账

D. 对购货发票、验收单、订货单和请购单进行内部核查

4. 适当的职责分离有助于防止各种有意的或无意的错误。以下采购与付款业务不相容岗位包括（　　）。

A. 询价与确定供应商　　B. 请购与审批

C. 付款审批与付款执行　　D. 采购合同的订立与审批

5. 对控制目标——所记录的采购都确已收到商品或接受劳务实施的实质性程序包括（　　）。

A. 检查卖方发票、验收单、订货单和请购单的合理性和真实性

B. 复核采购明细账、总账及应付账款明细账，注意是否有大额或不正常的金额

C. 从订货单、验收单追查至采购明细账

D. 追查存货的采购记录至存货永续盘存记录

6. 在（　　）情况下，注册会计师需要决定是否应通过供应商来证实被审计单位期末的应付余额。

A. 被审计单位对采购与付款交易的控制出现严重缺失

B. 被审计单位对采购与付款交易的记录被毁损

C. 注册会计师怀疑存在舞弊情况

D. 被审计单位对采购与付款交易的会计记录在火灾或水灾中遗失

7. 审查应付账款时，注册会计师往往要结合被审计单位的实际情况，选择适当的方法对应付账款进行分析性复核。一般来说，分析性复核主要包括（　　）。

A. 将本期各月应付账款余额进行比较，分析变动的趋势是否正常

B. 计算应付账款对存货以及对流动负债的比率，并与以前期间对比分析

C. 将本期期末应付账款余额与上期期末进行比较，分析波动的原因

D. 根据存货、营业成本的增减变动幅度，判断应付账款增减变动的合理性

8. 注册会计师在验证被审计单位应付账款的截止是否正确时，以下审计策略中可以考虑的有（　　）。

A. 在实物盘点工作底稿中记录的最后一张存货验收单号码

B. 在对存货实地观察时获得的采购截止资料

C. 区分应付账款中的目的地交货和起运点交货

D. 向与被审计单位有购销往来的债务人寄送询证函

9. 注册会计师在对被审计单位的应付账款进行审计时，一般应选择的函证对象有（　　）。

A. 较大金额的债权人

B. 所有的债权人

C. 在资产负债表日金额不大，甚至为零，且不是企业重要供货人的债权人

D. 在资产负债表日金额不大，甚至为零，但为企业重要供货人的债权人

10. 注册会计师在审计应付账款过程中，实施的审计程序对查找未入账应付账款有效的有（　　）。

A. 从供应商发票、验收报告或入库单追查至应付账款明细账

B. 检查资产负债表日后应付账款明细账贷方发生额的相关购货发票等凭证

C. 从财务部门获取被审计单位与其供应商之间的对账单并与应付账款进行核对

D. 针对资产负债表日后付款项目，检查银行对账单及有关付款凭证

11. 根据被审计单位的实际情况，注册会计师可以选择以下方法对应付账款执行分析程序的有（　　）。

A. 将期末应付账款余额与期初余额进行比较，分析波动原因

B. 检查与应付账款有关的供应商发票、验收报告或入库单到账簿记录

C. 计算应付账款与存货的比率，应付账款与流动负债的比率，并与以前年度相关比率对比分析，评价应付账款整体的合理性

D. 分析长期挂账的应付账款，要求被审计单位作出解释，判断被审计单位是否缺乏偿债能力或利用应付账款隐瞒利润；并注意其是否可能无需支付，对确定无需支付的应付款的会计处理是否正确，依据是否充分

12. 在对被审计单位计提的固定资产减值准备进行审计时，下列各项中，注册会计师应当确定为审计目标的有（　　）。

A. 固定资产减值准备的计提是否充分、完整

B. 固定资产减值准备的计提方法是否恰当

C. 固定资产减值准备是否已按照企业会计准则的规定在财务报表中作出恰当的列报

D. 固定资产减值准备期末余额是否正确

13. 下列各项中，注册会计师认为需要对固定资产账面价值进行调整的有（　　）。

A. 对固定资产进行日常修理发生的费用

B. 对办公楼进行装修符合资本化的部分

C. 对融资租赁租入固定资产进行改良发生的费用

D. 计提固定资产减值准备

14. 注册会计师进行应付账款函证，根据函证结果分别作出的处理包括（　　）。

A. 回函金额不符的，应查明原因

B. 未回函的，进行再次函证

C. 未回函的重要项目，应执行替代审计程序

D. 回函金额相符的，应抽查有关原始凭证

15. 下列各项中属于采购与付款循环涉及的凭证与记录的是（　　）。

A. 请购单与订购单

B. 验收单

C. 购货发票与付款凭单

D. 库存现金及银行存款日记账和总账

三、判断题

1. 如果应付账款带有现金折扣条件，而被审计单位按照发票上记载的全部应付金额入账，待实际获得现金折扣时再冲减财务费用，注册会计师应当予以认可。（　　）

2. 对大规模企业而言，企业内部各个部门都可填列请购单，为了加强控制，企业的请购单应当预先连续编号。（　　）

3. 小额零星物品或劳务的采购可以由使用部门自行采购，无需授权。（　　）

4. 如果某一应付账款明细账户期初余额为零，注册会计师就不需要将其列为函证对象了。（　　）

5. 内部控制良好的企业，在收到商品时应由负责验收的人员将商品同订单仔细核对后编制验收单。（　　）

6. 购入的存货，应由存储部门负责验收。（　　）

7. 在一般情况下，应付账款不需要函证，主要原因是因为注册会计师能够取得购货发票等外部证据来证实应付账款的余额。（　　）

8. 注册会计师在检查未入账应付账款的审计程序中，最有效的是函证应付账款。（　　）

9. 支票一经签署，就应在付款凭单和支持性凭证上加盖“付讫”戳或注销，以免重复付款。（　　）

10. 对长期挂账的应付账款进行分析，并分析被审计单位对此所作的解释，有助于注册会计师判断被审计单位是否缺乏偿还债务的能力。（　　）

四、简答题

1. 分别指出下列固定资产实质性程序所涉及的管理层的认定：

（1）检查当年固定资产增加的有关文件；

（2）实地视察固定资产，并查明其产权的归属；

（3）查明有无以固定资产担保或抵押等情况；

（4）审查提取折旧的方法是否适当。

2. 甲注册会计师审计X公司2014年年度财务报表的“固定资产”和“累计折旧”项目时，发现下列情况：

（1）“生产用固定资产”中有固定资产——A设备已于2009年1月份停用，并转入“未使用固定资产”。

（2）公司所使用的单冷空调，当年计提折旧仅按实际使用的月份（5~9月）提取。

（3）5月份购入设备一台，价值为65万元，当月达到预定可使用状态，8月份交付使用，X公司从9月份起开始计提折旧。

（4）公司对设备B采用平均年限法计提折旧。该设备预计可使用年限为10年，预计净残值率为5%，公司确定的该设备的年折旧率为10%。

要求：针对上述情况，分别指出注册会计师应关注的可能存在或存在的问题。

五、审计实务题

1. 华兴公司系股份有限公司，执行《企业会计准则》，每年的年度财务报告均于次年的4月对外公布。2013年年度发生的相关交易和事项及其会计处理如下：

（1）华兴公司2013年12月31日应付账款总账余额为贷方余额800万元。其明细组成如下：“应付账款——A公司”明细账余额500万元，“应付账款——B公司”明细账余额350万元，“应付账款——C公司”明细账余额-150万元（即借方余额），“应付账款——D公司”明细账余额100万元，合计800万元。

（2）在建工程中有房屋建筑物2 000万元，2013年6月已完工交付使用，但华兴公司未结转固定资产（该公司房屋建筑物的净残值率为4%，使用年限为30年）。

要求：如果振华会计师事务所的注册会计师于2014年3月对华兴公司2013年年度的会计报表进行审计，并出具审计报告。假定不考虑华兴公司会计报表层次的重要性水平，针对上述交易事项，注册会计师应分别提出何种审计处理建议？若需作出审计调整的，请列示审计调整分录（不考虑调整分录对所得税和期末结转损益的影响）。

2. ABC公司2014年12月31日资产负债表“应付账款”项目为540 000元，应付账款总账贷方余额为540 000元。在审计过程中，审计人员发现：

（1）应付环宇公司明细账户借方余额为400 000元，属于正常交易的预付款项；

（2）应付宏达公司明细账户贷方余额为500 000元，为被审计单位临时借入款项，用于结算工程价款。

要求：根据上述资料，分析 ABC 公司应付账款项目存在的问题，并提出调整意见。

3. 注册会计师对德隆公司 2013 年年度会计报表进行审计时，决定对其下列四个明细账户中的两个进行函证。有关资料见表 1-10。

表 1-10　　应付账款明细账余额及供货情况表

明细账户（单位）名称	应付账款年末余额（元）	本年度供货总额（元）
A 公司	42 650	66 100
B 公司	—	2 880 000
C 公司	85 000	95 000
D 公司	289 000	3 032 000

要求：说明注册会计师应选择哪两家公司进行函证并分析理由。

4. 注册会计师在审查红星公司（一般纳税人）2013 年年度材料采购业务时，发现当年 5 月份一笔业务的处理如下：从外地购进原材料 7 500 千克，专用发票注明价款为 300 000 元，增值税为 51 000 元，运费发票列明运输费为 2 500 元、包装费 200 元、保险费 200 元、建设基金 100 元，款项已通过银行转账支付。财会部门将材料价款计入采购成本，而将运杂费计入管理费用。会计分录如下：

借：原材料　　300 000

　　应交税费——应交增值税（进项税额）　　51 210

　　管理费用　　2 790

　贷：银行存款　　354 000

材料入库后，仓库转来材料入库验收单，发现材料短缺 140 千克，查明属于运输公司责任导致的材料短缺，经双方协商由运输公司负责赔偿，赔偿款尚未收到。

要求：分析红星公司在采购业务中存在的问题，并作相应的审计调整。

模块二　项目五　生产与存货循环审计

一、单项选择题

1. 被审计单位 A 股份有限公司对期末存货采用成本与可变现净值孰低法计价。2013 年 12 月 31 日库存用于生产甲产品的原材料实际成本为 50 万元，预计进一步加工所需费用为 16 万元，预计销售费用及税金为 10 万元，该原材料加工完成后的产品预计销售价格为 60 万元。假定该公司以前年度未计提存货跌价准备。则注册会计师认为 A 公司 2013 年 12 月 31 日该项存货应计提的跌价准备为（　　）万元。

A. 0　　B. 4
C. 16　　D. −16

2. 注册会计师在对被审计单位存货进行审计时，下列费用中不应当包括在存货成本中的是（　　）。

A. 制造企业为生产产品而发生的人工费用
B. 商品流通企业在商品采购过程中发生的包装费
C. 商品流通企业进口商品支付的关税
D. 商品入库后发生的仓储费用

3. 某股份有限公司期末存货采用成本与可变现净值孰低法计价，成本与可变现净值的比较采用单项比较法。该公司 2014 年 12 月 31 日 A、B、C 三种存货的成本分别为 130 万元、221 万元、316 万元；A、B、C 三种存货的可变现净值分别为 128 万元、215 万元、336 万元。则注册会计师认为该公司 2014 年 12 月 31 日存货的账面价值为（　　）万元。

A. 679　　B. 695
C. 659　　D. 687

4. B 注册会计师在检查乙公司存货时，注意到某些存货项目实际盘点的数量大于永续盘存记录中数量。假定不考虑其他因素，以下各项中最可能导致这种情况的是（　　）。

A. 乙公司向客户提供销售折扣
B. 乙公司已将购买的存货退给供应商
C. 供应商向乙公司提供购货折扣
D. 客户已将购买的存货退给乙公司

5. 如果由于被审计单位存货的性质或位置等原因导致无法实施存货监盘，注册会计师应当考虑是否实施替代审计程序，获取有关期末存货数量和状况的充分、适当的审计证据。注册会计师实施的替代审计程序不包括（　　）。

A. 向客户或供应商函证
B. 通过分析程序分析是否存在重大变动
C. 检查进货交易凭证或生产记录以及其他相关资料
D. 检查资产负债表日后发生的销货交易凭证

6. 如果通过监盘发现被审计单位存货账面记录与经监盘确认的存货发生重大差异，注册会计师先后采用的下列程序中可能无效的是（　　）。

A. 提请被审计单位对已确认的差异进行调整
B. 进一步执行审计程序，查明差异原因
C. 如果被审计单位不采纳注册会计师的调整意见，应根据其重要程序确定是否在审计报告中予以反映
D. 对存货进行分析程序，确认差异的真实性

7. 甲会计师事务所接受委托审计乙公司 2013 年年度财务报表，委派 B 注册会计师为该审计项目负责人。乙公司的会计记录显示，2013 年 12 月某类存货销售激增，导致该类存货库存下降为零。B 注册会计师对该类存货采取的以下措施中，难以发现可能存在虚假销售的是（　　）。

A. 进行销售的截止测试

B. 仍将该类存货列入监盘范围

C. 选择 2013 年 12 月大额销售客户寄发询证函

D. 计算该类存货 2013 年 12 月的毛利率，并与以前月份的毛利率进行比较

8. 刘涛是中天会计师事务所派往乙公司实施存货监盘的外勤人员。在乙公司盘点存货之前，刘涛应当（　　）。

A. 跟随被审计单位的盘点人员对存货状况进行检查

B. 观察存货盘点计划的执行情况

C. 确定存货数量和状况记录的准确性

D. 观察盘点现场存货的排列情况以及是否附有盘点标识

9. 如果将与存货相关的内部控制评估为高风险，注册会计师可能（　　）。

A. 增加测试与存货相关的内部控制的范围

B. 要求该公司在期末进行盘点

C. 检查购货、生产、销售的记录和凭证，以确定期末存货余额

D. 在期末前或后实施存货监盘程序，并测试盘点日至期末发生的存货交易

10. 下列属于被审计单位健全有效的存货内部控制需要由独立的采购部门负责的是（　　）。

A. 编制购货订单　　B. 编制请购单

C. 检验购入货物的数量、质量　　D. 控制存货水平以免出现积压

二、多项选择题

1. A 注册会计师接受委托审计乙公司 2013 年财务报表。初步了解乙公司及其环境时，得知乙公司有部分存货为辐射性化学品，导致 A 注册会计师无法实施存货监盘，则对该部分存货注册会计师可能实施的审计程序包括（　　）。

A. 复核采购、生产和销售记录

B. 向能够接触到相关存货项目的第三方人员询证

C. 视为审计范围受到限制，并依严重程度确定对财务报表的影响

D. 如果乙公司对其生产、使用和处置存有正式报告，注册会计师可追查至有关报告

2. 对存货实施截止测试，主要实现的审计目标有（　　）。

A. 存在　　B. 权利和义务

C. 完整性　　　　　　　　　　D. 计价和分摊

3. 对被审计单位存货监盘时，注册会计师应特别关注的问题有（　　）。

A. 注册会计师应当特别关注存货的状况，观察被审计单位是否已经恰当地区分了所有毁损、陈旧、过时及残次的存货

B. 注册会计师应当获取盘点日前后存货收发及移动的凭证，检查库存记录与会计记录期末截止日期是否正确

C. 注册会计师应当特别关注存货的移动情况，防止遗漏或重复盘点

D. 在存货监盘过程中，注册会计师应当获取存货验收入库、装运出库以及内部转移截止等信息，以便将来追查至被审计单位的会计记录

4. 下列说法中正确的有（　　）。

A. 注册会计师在对存货进行监盘时的检查，其目的既可以是确证被审计单位的盘点计划得到适当的执行（实质性程序），也可以是证实被审计单位的存货实物总额（控制测试）

B. 注册会计师可以通过查阅以前年度的存货监盘工作底稿，来了解被审计单位的存货情况、存货盘点程序以及其他在以前年度审计中遇到的重大问题

C. 存货监盘的范围大小取决于存货的内容、性质及与存货相关的内部控制的完善程度和重大错报风险的评估结果

D. 在对存货实施具体的监盘程序时，包括注册会计师对被审计单位盘点的实地观察程序和对已盘点的存货进行适当检查，将检查结果与被审计单位盘点记录相核对，并形成相应记录

5. 有关存货审计的下列表述中，不正确的有（　　）。

A. 对存货进行监盘是证实存货“完整性”“计价和分摊”认定的重要程序

B. 存货截止测试的主要方法是抽查存货盘点日前后的购货发票与验收报告（入库单），确定每张发票均附有验收报告（入库单）

C. 存货计价审计的样本应着重选择余额较大且价格变动较频繁的存货项目，同时考虑所选样本的代表性

D. 对难以盘点的存货，应根据企业存货收发制度确认存货数量

6. 注册会计师对于被审计单位委托其他单位保管或已作质押的存货，应实施的审计程序有（　　）。

A. 向保管人或债权人函证

B. 实施监盘

C. 利用其他注册会计师的工作

D. 向受托代管的单位获取委托代管存货的书面确认函

7. 在被审计单位存货盘点结束前，注册会计师应当（　　）。

A. 复核盘点结果汇总记录，评估其是否正确地反映了实际盘点结果

B. 再次观察盘点现场，以确定所有应纳入盘点范围的存货是否均已盘点

C. 取得并检查已填用、作废及未使用盘点表单的号码记录，确定其是否连续编号，查明已发放的表单是否均已收回，并与存货盘点的汇总记录进行核对

D. 如果存货盘点日不是资产负债表日，注册会计师应当实施适当的审计程序，确定盘点日与资产负债表日之间存货的变动是否已作正确的记录

8. 注册会计师对被审计单位存货进行监盘，在执行监盘审计程序中，下列做法中恰当的有（　　）。

A. 为了顺利监盘，注册会计师在监盘前将检查范围告知被审计单位，以便其作好相关准备

B. 索取全部盘点表并按编号顺序汇总后，进行账账、账实核对

C. 未能监盘期初存货，根据期未监盘结果倒推存货期初余额，并予以确认

D. 为了避免误解并有助于有效地实施存货监盘，注册会计师与被审计单位就存货监盘范围、时间等问题达成一致意见

9. 下列项目中，应确认为购货企业存货的有（　　）。

A. 购货方已付款购进，但尚在运输途中的商品

B. 购销双方已签协议约定，但尚未办理商品购买手续

C. 未收到销售方结算发票，但已运抵购货方并验收入库的商品

D. 已符合收入确认的条件，并确认了收入的实现，但销售方尚未发运给购货方的商品

10. 编制存货监盘计划时，注册会计师应当实施的审计程序有（　　）。

A. 了解存货的内容、性质、各存货项目的重要程度及存放场所

B. 了解与存货相关的内部控制评估与存货相关的重大错报风险

C. 复核或与管理层讨论其存货盘点计划

D. 查阅以前年度的存货监盘工作底稿

11. 存货监盘计划的主要内容包括（　　）。

A. 存货监盘的目标、范围及时间安排　B. 抽查的范围

C. 参加存货监盘人员的分工　D. 存货监盘的要点及关注事项

12. 如果注册会计师采用以控制测试为主的方式进行存货监盘，并准备信赖被审计单位存货盘点的控制措施与程序，则其实施的绝大部分审计程序将限于（　　）。

A. 询问　B. 重新执行

C. 观察　D. 抽查

13. 如果注册会计师了解到被审计单位会计人员经常发生变动，针对这种情况，以下说法中正确的有（　　）。

A. 这可能导致在各个会计期间将费用分配至产品成本的方法出现不一致

B. 可能引发存货交易和余额的重大错报风险

C. 可能导致存货项目的可变现净值难以确定

D. 增加了重大错报风险

14. 按不相容职务分离的基本要求，担任被审计单位存货保管职务的人员不得再兼任的职务有（　　）。

A. 存货的采购　　B. 存货的清查

C. 存货的验收　　D. 存货处置的申请

15. 产成品完工后，应当对其进行验收，下列有关产品验收的说法中正确的有（　　）。

A. 产品入库前应由仓库人员点验和检查，并填制入库单

B. 入库单应事先连续编号，并在产品入库后交会计部门

C. 生产期间，对产品的查点应由本车间负责生产质量专门人员实施

D. 产品入库前应由车间或仓库人员验收，并填制验收单

三、判断题

1. 在存货审计中，对于种类繁多、数量较大、金额不大的存货，也应由注册会计师亲自盘点。（　　）

2. 在实行计划成本核算的情况下，期末不论材料成本差异账户的余额在哪一方，一律从存货的合计数中扣除来确定存货报表数。（　　）

3. 被审计单位财务负责人认为本公司存货采用永续盘存制，因此可不必对存货进行实地盘点，注册会计师应接受这种意见。（　　）

4. 证实产品成本计算的正确性，应首先分析其选择成本计算方法的合理性。（　　）

5. 产品成本审查的重点之一是直接材料费用的审查。（　　）

6. 被审计单位有责任确定适当程序，进行准确的盘点并正确记录盘点数。（　　）

7. 如果由于被审计单位存货的性质或位置等原因导致无法实施存货监盘，注册会计师应当直接发表保留意见或表明无法表示意见。（　　）

8. 对于企业存放于其他单位代为保管的存货，可直接向其他单位进行函证。（　　）

9. 发出存货采用不同计价方法计算出来的本期主营业务成本应该是相同的。（　　）

10. 存货截止测试时，要关注所有在截止日期以前入库的存货项目是否均已包括在盘点范围内，并已反映在截止日以前的会计记录中。（　　）

四、审计实务题

1. 注册会计师在对 ABC 公司 2012 年年度存货进行审计时，发现 12 月份一笔摘要为“材料盘亏”的经济业务。记账凭证所载会计分录为：

借：生产成本　　3 000

　贷：原材料——甲材料　　2 000

　　　　　——乙材料　　1 000

该记账凭证所附原始凭证为一张盘点表。注册会计师通过调查，了解到公司所谓盘亏的 3 000 元材料实际是被专项工程（办公楼）领用的生产经营用原材料，办公楼当年尚未完工，当年生产的产品全部完工并出售 50%，材料和产品适用的增值税税率为 17%。

要求：请分析该公司材料核算中存在的问题，并作出审计调整。

2. 某企业材料采用计划成本法计价核算。注册会计师在审阅基本生产车间“生产成本”“原材料”“材料成本差异”等明细账户时，发现甲材料 12 月初“材料成本差异”账户为借方余额 8 340 元，库存原材料计划成本为 320 000 元；12 月份购入甲材料的实际成本为 2 455 000 元，计划成本为 2 500 000 元，12 月份发出甲材料的计划成本为 960 000 元。其中生产车间生产产品领用 920 000 元，车间一般耗用 12 000元，行政管理部门领用 8 000 元，销售部门领用 20 000 元，当月结转耗用材料的实际成本为 931 960 元。12 月份产品全部完工并出售。

要求：指出企业存在的问题并提出审计调整建议。

3. 注册会计师在审计某公司 2014 年 12 月份账目时，发现该公司当月的生产费用和成本计算有下列问题：

（1）该月份已领未用材料 2 260 元，月末未办理假退料手续；

（2）12 月份直接薪酬费用中包含固定资产清理人员工资 1 340 元；

（3）查阅该月份领料单，发现某车间领用钢筋和水泥共计 2 252 元，计入制造费用中的物料消耗费，经审查系在建工程耗用；

（4）预付账款账户有 700 元应摊入该月制造费用的设备租赁费，公司漏记未转账；

（5）该公司是生产单一产品的企业，根据账面资料记录，该月份产成品入库 1 680件，期末在产品盘存 560 件，材料在生产开始时一次投入，月末在产品的加工程度为 50%。据此计算的产品成本计算单见表 1-11。

表 1-11　　产品成本计算单

2014 年 12 月　　单位：元

成本项目	月初在产品成本	本月生产费用	生产费用合计	月末在产品成本	完工产品成本
直接材料	36 000	202 560	238 560	59 640	178 920
直接薪酬	3 600	23 840	27 440	3 920	23 520
制造费用	6 420	33 760	40 180	5 740	34 440
合计	46 020	260 160	306 180	69 300	236 880

经审查，12 月末在产品盘存数应为 680 件，加工程度为 60%，完工产品全部售出。

要求：请分析该公司成本计算中存在的问题，重新编制产品成本计算单并作调整分录。

4. 乐华公司是一家彩电生产企业，有职工 200 人，其中一线生产工人 160 名，车间管理人员 10 名，总部管理人员 30 名。2014 年 2 月公司决定以其生产的液晶电视机作为福利发放给职工，每人一台。该彩电每台成本为 10 000 元，单位计税价格为（公允价值）14 000 元，适用的增值税税率为 17%。乐华公司的账务处理如下：

借：生产成本　　1 980 800
　　制造费用　　123 800
　　管理费用　　371 400
　贷：应付职工薪酬　　2 000 000
　　　应交税费——应交增值税（销项税额）　　476 000
借：应付职工薪酬　　2 000 000
　贷：库存商品　　2 000 000

要求：请分析乐华公司应付职工薪酬核算中存在的问题，并提出审计调整建议。

模块二　项目六　筹资与投资循环审计

一、单项选择题

1. 检查被审计单位的长期借款业务时，如发现有逾期未偿还的长期借款，注册会计师首先应当实施的审计程序是（　　）。

A. 核实是否办理了延期还款手续　　B. 判断被审计单位的偿债能力
C. 判断被审计单位的资信程度　　D. 计算逾期贷款的金额和比率

2. 注册会计师李明在执行天星公司年度审计业务时，为确认被审计单位借款和所有者权益的增减变动及其利息和股利已登记入账这一认定目标，应执行的实质性程序是（　　）。

A. 检查股东是否已按合同、协议、章程约定时间缴付出资额，其出资额是否经注册会计师审验

B. 向银行或其他金融机构、债券包销人函证，并与账面余额核对

C. 检查年度内借款和所有者权益增减的原始凭证，核实变动的真实性、合规性，检查授权批准手续是否完备，入账是否及时准确

D. 确定借款和所有者的披露是否恰当，注意一年内到期的借款是否列入流动负债

3. A 注册会计师拟对 H 公司与借款活动相关的内部控制进行测试，下列程序中不属于控制测试程序的是（　　）。

A. 索取借款的授权批准文件，检查批准的权限是否恰当、手续是否齐全

B. 观察借款业务的职责分工，并将职责分工的有关情况记录于审计工作底稿中

C. 计算短期借款、长期借款在各个月份的平均余额，选取适用的利率匡算利息支出总额，并与财务费用等项目的相关记录核对

D. 抽取借款明细账的部分会计记录，按原始凭证到明细账再到总账的顺序核对有关会计处理过程，以判断其是否合规

4. 在确认应分担被投资单位发生的净亏损时，应首先冲减“长期股权投资”的账面价值，其次冲减其他实质上构成对被投资单位净投资的长期权益账面价值（如“长期应收款”等）。如果按照投资合同和协议约定被审计单位仍需承担额外损失义务的，注册会计师认为应按预计承担的义务确认（　　）。

A. 资本公积　　　　B. 应付账款

C. 其他应付款　　　　D. 预计负债

5. 2014 年 1 月 1 日 M 公司取得 N 公司 25%的股权且具有重大影响，按权益法核算。取得长期股权投资时，M 公司确认该项投资的公允价值为 120 万元，2014 年 N 公司实现净利润 500 万元，则注册会计师认为被审计单位 M 公司确认投资收益应是（　　）万元。

A. 150　　　　B. 144

C. 138　　　　D. 125

6. 被审计单位 M 企业于 2013 年 1 月 1 日用一批原材料对 N 企业进行长期股权投资，占 N 企业 60%的股权。投出的原材料账面余额为 5 000 万元，公允价值为 5 500万元；投资时 N 企业可辨认净资产公允价值为 11 000 万元。假设 M、N 公司不存在关联关系，属于非同一控制下的企业合并。双方增值税税率均为 17%。则被审计单位投资时长期股权投资的初始入账价值为（　　）万元。

A. 6 435　　　　B. 5 500

C. 5 000　　D. 6 600

7. 企业发生的下列事项中，影响“投资收益”的是（　　）。

A. 交易性金融资产持有期间收到不属于包含在买价中的现金股利

B. 期末交易性金融资产的公允价值大于账面余额

C. 期末交易性金融资产的公允价值小于账面余额

D. 交易性金融资产持有期间收到包含在买价中的现金股利

8. 被审计单位以下内部控制中不妥当的是（　　）。

A. 由企业自行保管的，由两名以上人员共同控制，不得一人单独接触证券

B. 投资业务在企业高层管理机构核准后，由高层负责人员授权签批，由财务经理办理具体的股票或债券的买卖业务，由会计部门负责进行会计记录和财务处理

C. 除无记名证券外，企业在购入股票或债券时应在购入的当日登记于经办人员名下

D. 对于企业所拥有的投资资产，由内部审计人员或不参与投资业务的其他人员进行定期盘点

9. 投资与筹资循环的特征是，影响本循环账户余额的业务数量较少，但每笔业务的金额通常都很大。基于这个特点，在审计时，可以采用的审计方法是（　　）。

A. 抽样　　B. 实质性分析程序

C. 大量的控制测试　　D. 细节测试

10. 在投资活动内部控制良好的前提下，对投资业务具有审批授权的是（　　）。

A. 财务经理　　B. 高层管理机构

C. 股东大会　　D. 证券投资部经理

二、多项选择题

1. 管理层使用的关键指标中，属于资本绩效的有（　　）。

A. 财务杠杆　　B. 平均利率

C. 股东权益回报率　　D. 每股收益

2. 注册会计师为了确定应付债券账户期末余额的真实性，应向（　　）对象函证应付债券相关内容。

A. 债权人　　B. 债券的承销人

C. 证券经纪人　　D. 债券包销人

3. 注册会计师在对应付债券执行以下程序时，其中属于实质性程序的有（　　）。

A. 检查企业发行债券所收入现金的收据、汇款通知单、送款登记簿及相关

的银行对账单

B. 检查用以偿还债券的支票存根，并检查利息费用的计算

C. 如果企业发行债券时已作抵押或担保，注册会计师应检查相关契约的履行情况

D. 取得债券偿还和回购时的董事会决议，检查债券的偿还和回购是否按董事会的授权进行

4. H 注册会计师计划测试 C 公司 2014 年年末银行长期借款余额的完整性。以下审计程序中，可能实现该审计目标的有（　　）。

A. 了解银行对 C 公司的授信情况

B. 检查长期银行借款明细账中本年新增借款的银行进账单

C. 向提供长期银行借款的银行寄发银行询证函

D. 重新计算并分析 2014 年年度长期借款利息

5. A 注册会计师在对 H 公司发生的借款费用进行审计时，注意到以下事项。其中会计处理错误的有（　　）。

A. H 公司对为购建固定资产而溢价发行的公司债券采用实际利率法分期摊销债券溢价，并以实际利率作为资本化率

B. H 公司的某项在建工程根据建造工艺的要求需暂停施工 4 个月，在此期间，H 公司停止了借款费用资本化

C. H 公司将为购建固定资产而产生的金额较小的专门借款手续费，在固定资产达到预定可使用状态前计入期间费用

D. H 公司将为购建固定资产而发生的外币专门借款的汇兑差额，在固定资产达到预定可使用状态前计入固定资产购建成本

6. 下列有关应付债券的内部控制说法不正确的有（　　）。

A. 应付债券的发行要有正式的授权程序，每次均要由总经理授权

B. 参与债券发行的会计人员记录应付债券业务

C. 债券的回购要有正式的授权程序

D. 未发行的债券必须有专人负责

7. 注册会计师在确定长期股权投资是否已在资产负债表上恰当披露时，应当（　　）。

A. 检查资产负债表上长期股权投资项目的数额与审定数是否相符

B. 对被投资单位所在国家和地区受到其他方面影响，使被审计单位转移资金的能力受到限制的情况是否披露

C. 结合银行借款等的检查，了解长期股权投资是否存在质押、担保情况

D. 检查当期及累计未确认的投资损失金额是否在附注中披露

8. 在非同一控制下的企业合并情况下，被审计单位的下列各项中，不应作为长期股权投资取得时初始成本入账的有（　　）。

A. 为取得长期股权投资而发生的间接相关费用

B. 投资时支付的不含应收股利的价款

C. 投资时支付款项中所含的已宣告而尚未领取的现金股利

D. 投资时支付的税金、手续费

9. 下列有关长期股权投资实质性程序的说法中，不恰当的有（　　）。

A. 根据有关合同或文件，确认股权投资的股权比例和持有时间，检查股权投资核算方法是否正确

B. 对于应采用成本法核算的长期股权投资，应获取被投资单位已经注册会计师审计的年度财务报表

C. 索取董事会对投资的可行性研究报告和投资管理报告，判断长期投资业务的管理情况

D. 在期末对长期股权投资进行逐项检查，确定长期股权投资是否已经发生减值

10. H 注册会计师计划测试 C 公司 2014 年年末长期投资余额的存在性。以下审计程序中，可能实现该审计目标的有（　　）。

A. 向受托代管 C 公司长期证券的托管机构寄发询证函

B. 查阅 C 公司董事会与长期投资业务有关的会议记录

C. 检查长期股权投资中股票投资的 2014 年年末市价变动情况

D. 向被投资单位寄发询证函

三、判断题

1. 企业借款和发行股票一般由企业财务主管批准。（　　）

2. 对证券投资资产定期盘点，既可由参与证券投资业务的人员进行，也可以由其他各类人员进行。（　　）

3. 无论是投资业务还是筹资业务，注册会计师均应通过控制测试对相关业务的职责分工是否明确进行评价。（　　）

4. 如果了解到被审计单位的筹资与投资循环内部控制不存在或不值得信赖，注册会计师仍然要进行控制测试，以确定实质性程序的性质、时间和范围。（　　）

5. 借款余额较大或认为必要时，注册会计师应向银行或其他债权人发函询证借款额、借款利率、已偿还金额及利息支付情况。（　　）

6. 某注册会计师在对被审计单位借款费用进行审计时，发现被审计单位将不符合资本化条件的借款费用予以资本化，则说明被审计单位存在虚增资产和利润的错报。（　　）

7. 资产负债表日，要将“一年内到期的应付债券”从“应付债券”项目扣除，并在流动负债类下的“一年内到期的非流动负债”项目反映。（　　）

8. 交易性金融资产已经具备流动性强的特征，因此注册会计师对交易性金融资产进行审计，不必关注其是否存在重大的变现限制。（　）

9. 因为实收资本账户业务量不大，有时在年度内没有变动，所以可以采用详查法进行审计。（　）

10. 被审计单位将持有至到期投资划转为可供出售金融资产，注册会计师一定不会同意其这种做法。（　）

四、审计实务题

1. 注册会计师对雅琪公司2013年年度“长期借款”明细账和借款合同审查时，发现：该公司2013年10月1日因购买设备向银行借入资金10 000 000元，借款期限为5年，年利率为6%，每年付息一次，到期还本；该公司11月1日用银行借款和自筹资金一次性向供货单位支付12 000 000元设备价款、运输费和安装费等，该设备12月31日达到预定可使用状态。注册会计师检查其当年10月、11月和12月该笔借款应计利息的记账凭证，其会计分录均为：

借：财务费用　　50 000

　贷：应付利息　　50 000

要求：请分析该公司借款利息核算存在的问题并作出审计调整。

2. 注册会计师在审查天格公司应付债券时，了解到该公司为构建新厂房，年初以1 100 000元的价格发行面值为1 000 000元的为期4年、按年付息到期还本的公司债券。债券票面利率为6%，债券发行时的市场利率为5%，每年年末计提利息费用。该公司年末的会计处理如下：

借：财务费用　　60 000

　贷：应付利息　　60 000

经审查，该公司债券利息费用中符合资本化条件的金额为40 000元。

要求：请分析该公司应付债券核算中存在的问题，并作出审计调整。

3. 注册会计师在对ABC公司2014年年度财务报表审计时，发现该公司当年10月8日支付价款1 060 000元从二级市场购入D公司发行的股票100 000股。每股价格10.60元（含已宣告但尚未发放的现金股利0.60元），另支付交易费用2 000元。ABC公司作了如下会计处理：

借：交易性金融资产——D公司股票（成本）　　1 000 000

　　应收股利　　60 000

　　财务费用　　2 000

　贷：银行存款　　1 062 000

注册会计师了解到该股票年末市场价格为每股15元，该公司仍将持有的D公司股票划分为交易性金融资产，且持有D公司股权后对其无重大影响。ABC公司年末对该股票按公允价值进行了如下调整：

借：交易性金融资产——D公司股票　　500 000

　贷：资本公积——其他资本公积　　500 000

要求：请分析该公司金融资产核算中存在的问题，并作出审计调整。

4. 注册会计师在对XYZ公司2013年年度财务报表审计时，发现报表列示“长期股权投资”为30 000 000元，“投资收益”为1 000 000元。经进一步审查得知以下情况：该公司2013年1月4日按协议收购价29 500 000元购买甲公司股票，占甲公司20%的股权，对甲公司有重大影响，并准备长期持有。此时甲公司的所有者权益金额为150 000 000元。假定甲公司可辨认净资产的公允价值与其所有者权益的账面价值一致。

（1）购入股票时，XYZ公司的账务处理为：

借：长期股权投资——甲公司股票（成本）　　30 000 000

　贷：银行存款　　29 500 000

　　资本公积——股本溢价　　500 000

（2）2013年年末甲公司实现净利润6 000 000元，宣告派发现金股利5 000 000元时，XYZ公司的账务处理为：

借：应收股利——甲公司　　1 000 000

　贷：投资收益　　1 000 000

要求：请分析XYZ公司长期股权投资核算中存在问题，并作出审计调整。

模块二　项目七　货币资金审计

一、单项选择题

1. 如果注册会计师已从被审计单位的某开户银行获取了银行对账单和所有已付支票清单，该注册会计师（　　）。

A. 复核银行对账单

B. 不需再向该银行函证

C. 仍需向该银行函证

D. 可根据实际需要，确定是否向银行函证

2. 注册会计师在审计天星公司某银行账户的银行存款时，发现银行存款对账单余额与银行存款日记账余额不符，A注册会计师应当执行的最有效的审计程序是（　　）。

A. 审查该账户的银行存款余额调节表

B. 审查银行存款日记账中记录的该账户资产负债表日前后的收付情况

C. 审查银行对账单中记录的该账户资产负债表日前后的收付情况

D. 抽查天星公司该年度的银行存款收支业务

3. 在对银行存款实施审计时，实施的函证程序可以证实若干项目标，其中最基本的目标是（　　）。

A. 是否有漏记的银行借款

B. 银行存款的真实性

C. 是否有充作抵押担保的存货

D. 是否有企业已经记录但是银行方没有记录的交易事项

4. 注册会计师执行的以下实质性程序中，属于审查企业收到的现金是否已经全部登记入账的是（　　）。

A. 对库存现金执行监盘程序

B. 检查现金收入的日记账、总账和应收账款明细账的大额项目与异常项目

C. 从被审计单位当期收据存根中抽取大额现金收入追查到相关的凭证和账簿记录

D. 对被审计单位结账日前一段时间内现金收支凭证进行审计，以确定是否存在应记入下期的事项

5. 监盘库存现金是注册会计师证实被审计单位资产负债表所列现金是否存在的一项重要程序，被审计单位必须参加盘点的人员是（　　）。

A. 出纳员和会计主管人员　　B. 出纳员和财务总监

C. 现金出纳员和财务经理　　D. 会计主管人员和内部审计人员

6. 如果注册会计师在资产负债表日后对库存现金进行监盘，应当根据盘点数、资产负债表日至（　　）的现金收支数，倒推计算资产负债表上所包含的库存现金数是否正确。

A. 盘点日　　B. 审计报告报出日

C. 审计报告日　　D. 审计工作完成日

7. 注册会计师 A 于 2014 年 3 月 5 日下午下班时对甲公司全部现金进行监盘后，确认实有现金数额为 1 000 元。甲公司 3 月 4 日账面库存现金余额为 2 000 元，3 月 5 日发生的现金收支全部未登记入账，其中收入金额为 3 000 元，支出金额为 4 000 元。2014 年 1 月 1 日至 3 月 4 日现金收入总额为 165 200 元，现金支出总额为 165 500元，则推断 2013 年 12 月 31 日库存现金余额应为（　　）元。

A. 2 500　　B. 1 000

C. 2 300　　D. 1 300

8. N 公司某银行账户的银行对账单余额为 585 000 元，在审查 N 公司编制的该账户银行存款余额调节表时，A 注册会计师注意到以下事项：N 公司已收、银行尚未入账的某公司销货款 100 000 元，N 公司已付、银行尚未入账的预付某公司材料款 50 000 元，银行已收、N 公司尚未入账的某公司退回的押金 35 000 元，银行已代

扣、N公司尚未入账的水电费25 000元。假定不考虑审计重要性水平，A注册会计师审计后确认该账户的银行存款日记账余额应是（　　）元。

A. 625 000　　B. 635 000

C. 575 000　　D. 595 000

9. 下列有关被审计单位库存现金和银行存款的管理表述中，注册会计师认为错误的是（　　）。

A. 单位应当定期和不定期地进行现金盘点，确保现金账面余额与实际库存相符

B. 单位应当指定专人定期核对银行账户，每月至少核对一次，编制银行存款余额调节表

C. 单位应当严格遵守银行结算纪律，不准签发没有资金保证的票据或远期支票，套取银行信用

D. 单位现金收入应当及时存入银行，不得用于直接支付单位自身的支出，因特殊情况需坐支的，应事先经公司管理层或治理层批准

10. 下列说法中正确的是（　　）。

A. 出纳人员可以同时从事银行对账单的获取、银行存款余额调节表的编制等工作

B. 在对银行存款实施函证程序时，要对所有存款的银行都寄发询证函

C. 被审计单位资产负债表上的银行存款余额，应以编制或取得银行存款余额调节表日银行存款账户数额为准

D. 如果现金盘点不是在资产负债表日进行的，注册会计师应将资产负债表日至盘点日的收付金额调整至盘点日金额

二、多项选择题

1. 注册会计师寄发的银行询证函（　　）。

A. 属于积极式函证

B. 要求银行直接回函至会计师事务所

C. 是以被审计单位的名义发往开户银行

D. 函证对象包括银行存款和借款余额等

2. 注册会计师李明对A公司执行银行存款余额函证的助理人员的工作进行检查时，发现助理人员执行银行存款余额函证程序时提出以下观点，其中正确的有（　　）。

A. 以A公司的名义寄发银行询证函

B. 由A公司代为填写银行询证函后，交由注册会计师发出并回收

C. 如果银行询证函回函结果表明没有差异，则可以认定银行存款余额是正

确的

D. 除余额为零的银行存款账户以外，必须对 A 公司所有银行存款账户实施函证

3. 下列有关说法中不恰当的有（　　）。

A. 注册会计师在对银行存款审查时，如果取得的银行存款余额调节表中左右两边金额相等，则可以直接确定银行存款的余额的正确性

B. 出纳不能够同时负责登记银行存款日记账和编制银行存款余额调节表

C. 函证银行存款余额是证实资产负债表所列银行存款是否存在的重要程序。通过向往来银行函证，注册会计师不仅可了解企业资产的存在，还可了解企业账面反映所欠银行债务的情况，并有助于发现企业未入账的银行借款和未披露的或有负债

D. 监盘库存现金是证实资产负债表中所列现金是否存在的一项重要程序，盘点范围包括未存入银行的已收现金、零用金、找换金及各部门人员领用的备用金的盘点

4. 注册会计师实施的下列各项审计程序中，能够证明银行存款是否存在的有（　　）。

A. 计算定期存款占银行存款的比例　　B. 检查银行存款余额调节表

C. 函证银行存款余额　　D. 检查银行存款收支的正确截止

5. 监盘库存现金是证实资产负债表中所列库存现金是否存在的一项重要程序，还可以实现的审计目标有（　　）。

A. 计价和分摊　　B. 完整性

C. 在财务报表中恰当披露　　D. 权利和义务

6. 注册会计师在审阅助理会计师的库存现金盘点计划表时，发现以下几种处理方法。其中不恰当的有（　　）。

A. 注册会计师应亲自盘点

B. 库存现金监盘表只能由出纳人员签字，以明确责任

C. 盘点前就盘点时间与被审计单位会计主管沟通，要求其配合好相关的盘点工作

D. 盘点时应有被审计单位出纳和会计主管在场

7. 注册会计师在执行库存现金审计时通常需对现金相关的内部控制进行了解。一般而言，一个良好的现金内部控制体现为（　　）。

A. 加强对现金收支业务的内部审计

B. 全部现金收入及时准确入账，并且支出要有核准手续

C. 现金收支与记账的岗位相分离，按月盘点现金

D. 现金收支要有合理、合法的凭据，控制现金坐支

8. 下列说法中不正确的有（　　）。

A. 注册会计师对银行存款的函证，可以采用积极式和消极式

B. 注册会计师审计银行存款时不需要对账户余额为零的进行函证

C. 注册会计师应向被审计单位在本年存过款的所有银行发函，其中包括企业存款账户已结清的银行，因为有可能存款账户已结清，但仍有银行借款或其他负债存在

D. 向银行函证企业的银行存款，能够证实企业银行存款的真实性，不能证实企业银行借款的完整性

三、判断题

1. 定期与银行对账、编制银行存款余额调节表是货币资金循环内部控制的有效措施。 （　　）

2. 支票和印章仅由一人保管或名义上由二人保管而实际上已预先在支票上盖章，则该业务环节内部控制仍然有效。 （　　）

3. 货币资金循环审计不包括对备用金的审查。 （　　）

4. 询证开户行是查明银行存款存在性的有效措施。 （　　）

5. 出纳人员不得兼管稽核、档案保管工作，但可以登记收入、费用和债权债务账目，注册会计师认为此项职责分离合理。 （　　）

6. 银行存款函证的目的不包括查找未入账的银行借款。 （　　）

7. 资产负债表日后进行库存现金盘点时，应倒推计算调整至资产负债表日的金额。 （　　）

8. 若被审计单位某一银行账户已结清，注册会计师可不再向此银行进行函证。 （　　）

9. 库存现金截止测试是为了证实库存现金余额的正确性。 （　　）

10. 监盘库存现金是证实资产负债表中所列库存现金是否存在的一项重要程序。 （　　）

四、简答题

1. 乙注册会计师在对P公司2014年年度财务报表进行审计时，对P公司的银行存款实施的部分审计程序为：

（1）取得2014年12月31日银行存款余额调节表；

（2）向开户银行寄发银行询证函，并直接收取寄回的询证函回函；

（3）取得开户银行2015年1月31日的银行对账单。

要求：

（1）请问乙注册会计师向开户银行询证的作用有哪些？

（2）请问乙注册会计师应采取什么方式才能直接收回开户银行的询证函回函？

目的是什么？

（3）请问乙注册会计师取得银行存款余额调节表后，应检查哪些内容？

（4）请问乙注册会计师索取开户银行 2015 年 1 月 31 日的银行对账单，能证实 2014 年 12 月 31 日银行存款余额调节表的哪些内容？

2. 简述注册会计师进行现金监盘与存货监盘的区别。

五、审计实务题

1. 2014 年 12 月 31 日，注册会计师对乙公司库存现金进行突击审查。经审查，库存现金日记账当日账面余额为 5 658 元，采购员张元预借差旅费 1 500 元、变卖废旧物品收入 270 元和副经理刘红私人借款白条 2 000 元均未入账。库存现金监盘结果为 2 428 元，其中 100 元币 13 张、50 元币 8 张、20 元币 11 张、10 元币 28 张、5 元币 41 张、1 元币 12 张、5 角币 17 张、1 角币 25 张，银行对乙公司核定的库存现金限额为 1 500 元。

要求：代注册会计师编制库存现金监盘表，分析乙公司库存现金管理中存在的问题。

2. 注册会计师对秦阜公司的银行存款进行审计。经审查，2013 年 8 月 31 日银行存款日记账的账面余额为 386 000 元，银行对账单的余额为 368 200 元，经过逐笔核对发现如下未达账项：①销售产品收到销货款 60 000 元，支票已送存银行，公司已登记入账，银行尚未记账；②开出转账支票支付广告费 10 000 元，公司已登记入账，银行尚未记账；③银行收到 A 企业汇来货款 35 000 元，银行已划入公司账户，企业尚未入账（未收到银行进账通知单）；④银行代企业支付水电费 2 800 元，款已划出公司账户，企业尚未入账（未收到银行付款通知单）。

要求：请代注册会计师编制银行存款余额调节表。

模块三　项目一　出具审计报告前的准备工作

一、单项选择题

1. 企业在应付账款项目中反映了预付账款，在应收账款项目中反映了预收账款。这种审计差异属于（　　）。

A. 核算误差　　B. 重分类误差

C. 建议调整的不符事项　　D. 未调整不符事项

2. 对审计中发现的核算误差，能够正确编制审计差异调整表的关键是如何运用（　　）划分出建议调整的不符事项与未调整的不符事项。

A. 审计风险评估　　B. 审计检查方法

C. 重要性原则　　D. 误差金额的大小

3. 在借贷记账法下，下列试算平衡的基本公式中正确的有（　　）。
A. 全部账户的借方期初余额合计数等于全部账户的贷方期末余额合计数
B. 全部账户的借方发生额合计等于全部账户的贷方发生额合计
C. 全部账户的借方期末余额合计等于全部账户的贷方期初余额合计
D. 以上都不正确

二、多项选择题

1. 按照产生审计差异的原因，可将审计差异分为（　　）。
A. 建议调整的不符事项　　B. 未调整不符事项
C. 重分类误差　　D. 核算误差

2. 注册会计师对审计差异进行调整，一般都以会计分录的形式反映，通常通过编制（　　）形式予以汇总。
A. 审计差异校对表　　B. 重分类分录汇总表
C. 未调整不符事项汇总表　　D. 调整分录汇总表

3. 注册会计师编制的资产负债表试算平衡表的左方包含了各资产项目的（　　）。
A. 审计前的借方金额与贷方金额　　B. 审定金额的借方与贷方
C. 调整金额借方与调整金额贷方　　D. 重分类调整金额的借贷两方

三、审计实务题

1. 某企业发出材料按每月一次加权平均法计价，注册会计师审查该企业上年 12 月甲材料的明细账时发现：月初结存 500 吨，单价 120 元，12 月份只购进一批 500 吨，单价 130 元。该月发出一批 450 吨，单位按每吨 130 元计算，并全部记入生产成本账户。经查，该材料为本企业在建工程领用，该工程项目目前尚未完工。

要求：根据上述材料，指出存在的问题，并进行调账。（不考虑相关税费）

2. 某会计师事务所于 2014 年 2 月 10 日接受 A 公司委托，对该公司 2013 年年度会计报表进行审计。ABC 公司 2013 年年度会计报表（见表 1-12 和表 1-13）（只涉及调整部分）及相关调整事项列示如下：

表 1-12　　资产负债表　　单位：元

项目	行次	年末余额	项目	行次	年末余额
流动资产：	1		流动负债：	47	
货币资金	2	6 500 000	短期借款	48	5 000 000
交易性金融资产	3		交易性金融负债	49	
应收票据	5	3 600 000	应付票据	51	1 600 000

表1-12（续）

项目	行次	年末余额	项目	行次	年末余额
应收股利	6		应付账款	52	5 400 000
应收利息	7		预收账款	53	3 600 000
应收账款	8	6 500 000	应付职工薪酬	54	689 300
其他应收款	9	450 000	其中：应付工资	55	
预付账款	10	2 200 000	应付福利费	56	
存货	11	16 250 000	应交税费	57	532 680
库存材料（产成品）	13		应付利息	59	77 500
一年内到期的非流动资产	14		应付股利	60	
其他流动资产	15		其他应付款	61	3 938 703
流动资产合计	16	35 500 000	一年内到期的非流动负债	62	
非流动资产：	17		其他流动负债	63	
可供出售金融资产	18		流动负债合计	64	20 838 183
持有至到期投资	19		非流动负债：	65	
长期应收款	20		长期借款	66	15 000 000
长期股权投资	21	4 500 000	应付债券	67	
股权分置流通权	22		长期应付款	68	
投资性房地产	23		专项应付款	69	
固定资产原价	24	42 000 000	预计负债	70	
减：累计折旧	25		递延所得税负债	71	
固定资产净值	26		递延税款贷项	72	
减：固定资产减值准备	27		其他非流动负债	73	
固定资产净额	28		其中：特准储备基金	74	
在建工程	29	4 000 000	非流动负债合计	75	15 000 000
工程物资	30		负债合计	76	35 838 183
固定资产清理	31		所有者权益：	77	
无形资产	32	2 500 000	实收资本	78	30 000 000
长期待摊费用	39	400 000		85	
递延所得税资产	40		资本公积	86	
递延税款借项	41		减：库存股	87	
其他非流动资产	42		盈余公积	88	5 275 169
其中：特准储备物资	43		一般风险准备	89	

表1-12(续)

项目	行次	年末余额	项目	行次	年末余额
非流动资产总计	44	53 400 000	未确认投资损失	90	
	45		未分配利润	91	
			所有者权益合计	98	53 061 817
资产合计		88 900 000	负债及所有者权益合计		88 900 000

表1-13　**利润表**　单位：元

项目名称	行次	本年累计数
一、营业收入	1	65 000 000
减：营业成本	2	45 500 000
营业税金及附加	4	
销售费用	3	4 875 569. 82
管理费用	7	8 764 479. 28
财务费用	8	1 198 000
加：投资收益	9	200 000
二、营业利润	10	4 861 950. 9
加：营业外收入	13	180 000
减：营业外支出	14	300 000
加：以前年度损益调整	15	
三、利润总额	16	4 741 950. 9
减：所得税费用	17	1 185 487. 725
四、净利润	18	3 556 463. 175

会计师事务所根据企业提供的资料，严格按审计程序进行审计，并在审计底稿上，记录了以下的调整分录。

（1）2013年7月7日，银行承兑汇票到期，银行已划款而企业未作账务处理。调整账务如下：

借：应付票据　1 430 000

　贷：银行存款　1 430 000

（2）应收账款贷方余额重分类转入预收账款410 285元。

借：应收账款　410 285

　贷：预收账款　410 285

（3）预收账款借方余额重分类转入应收账款52 399元。

借：应收账款　52 399

　贷：预收账款　52 399

（4）应付账款借方余额重分类转入预付账款 1 155 572 元。

借：预付账款　　1 155 572

　贷：应付账款　　1 155 572

（5）其他应付款借方余额重分类转入其他应收款 4 806 790 元。

借：其他应收款　　4 806 790

　贷：其他应付款　　4 806 790

（6）其他应收款贷方余额重分类转入其他应付款 3 073 622 元。

借：其他应收款　　3 073 622

　贷：其他应付款　　3 073 622

（7）低值易耗品应按“五五”摊销法进行摊销。

借：管理费用　　70 350

　贷：周转材料　　70 350

（8）存货中有分期收款发出商品 1 871 783 元，经查被审计单位实行代理制，当产品发出去后，被审计单位就以发出去时产品的价格入账。被审计单位的分期收款发出商品 1 871 783 元是虚挂账，虚增资产、利润，应作调账处理。

借：主营业务成本　　1 871 783

　贷：发出商品　　1 871 783

（9）将原转入长期待摊费用中的费用调回。

借：管理费用　　868 081

　贷：长期待摊费用　　868 081

（10）将预付账款中应在本年摊销的费用进行摊销。

借：管理费用　　143 253

　贷：预付账款　　143 253

（11）企业投资给 A 公司 3 000 000 元，占该公司注册资本的 90%，A 公司本年未分配利润为 391 954. 31 元，按权益法应调增长期投资的账面值 195 977. 16 元。

借：长期股权投资　　195 977. 16

　贷：投资收益　　195 977. 16

（12）企业将 2013 年 11 月至 12 月支付的房屋装修费用按 5 年分摊，本年应分摊 17 937 元。

借：管理费用　　17 937

　贷：长期待摊费用　　17 937

（13）本年借款利息已预提，企业按季支付利息并记入财务费用重复应冲回。

借：应付利息　　75 127

　贷：财务费用　　75 127

（14）调增长期借款的利息。

借：财务费用　　20 196

贷：长期借款　　20 196

（15）将一年内到期的长期借款单独列示在“一年内到期的非流动负债”项内。

借：长期借款——中国工商银行　　190 000

——农村信用合作社　　183 300

贷：一年到期的非流动负债　　373 300

利润分配——未分配利润

=195 977.16-70 350-1 871 783-868 081-143 253-17 937+75 127-20 196

=-2 720 495.84（元）

要求：根据上述资料编制资产负债表和利润表的试算平衡工作底稿。

模块三　项目二　如何出具审计报告

一、单项选择题

1. 强调事项段是在（　　）之后增加的对重大事项予以强调的段落。

A. 引言段　　B. 管理层对财务报表的责任段

C. 注册会计师的责任段　　D. 审计意见段

2. 如果被审计单位财务报表就其整体而言是公允的，但因审计范围受到重要的局部限制，无法按照审计准则的要求取得应有的审计证据时，注册会计师应发表（　　）。

A. 带强调事项段的无保留意见　　B. 保留意见

C. 无法表示意见　　D. 否定意见

3. 审计报告的收件人应该是（　　）。

A. 审计业务的委托人　　B. 社会公众

C. 被审计单位的治理层　　D. 被审计单位的管理层

二、多项选择题

1. 下列关于审计报告日的说法中正确的有（　　）。

A. 注册会计师完成审计工作的日期

B. 注册会计师正式对外签发审计报告的日期

C. 通常与管理层签署已审计财务报表的日期为同一天

D. 可能晚于管理层签署已审财务报表的日期

2. 审计报告分为标准审计报告和非标准审计报告。非标准审计报告包括（　　）。

A. 否定意见的审计报告

B. 带强调事项段的无保留意见审计报告

C. 无法表示意见的审计报告

D. 保留意见的审计报告

3. 同时符合下列（　　）条件时，注册会计师应当出具无保留意见的审计报告。

A. 已经按照中国注册会计师审计准则的规定计划和实施审计工作，在审计过程中未受到限制

B. 财务报表已经按照适用的编制基础编制，在所有方面公允反映了被审计单位的财务状况、经营成果和现金流量

C. 未能按照中国注册会计师审计准则的要求计划和实施审计工作，在审计过程中受到了限制

D. 财务报表已经按照适用的财务报告编制基础编制，在所有重大方面公允反映了被审计单位的财务状况、经营成果和现金流量

三、审计实务题

1. 楼兰是昆仑会计师事务所的注册会计师，她审计了天山公司 2013 年 12 月 31 日的资产负债表和该年度的利润表、现金流量表。2014 年 2 月 24 日，她结束了外勤工作，并于一个星期后拟定了审计报告的草稿。

主要内容如下：

我们接受委托，审计了贵公司 2013 年 12 月 31 日的资产负债表及该年度的损益表、现金流量表。我们的审计是根据《企业会计准则》进行的。在审计过程中，我们结合贵公司的实际情况，实施了包括抽查会计记录等我们认为必要的审计程序。

我们相信，我们的审计意见为信赖上述会计报表提供了合理的保证。

我们认为，上述会计报表符合《中国注册会计师独立审计准则》的规定，在所有重大方面公允地反映了贵公司 2013 年 12 月 31 日的财务状况和该年度经营成果以及现金流量情况，会计处理方法的选用遵循了一贯性原则。

中国注册会计师　楼兰（签章）

2013 年 12 月 31 日

此外，楼兰的审计工作底稿还揭示了如下信息：

（1）2013 年天山公司将营业收入的会计政策由分期收款法改为完工百分比法。天山公司认为采用完工百分比法能够更加合理地反映它的经营成果。在比较财务报表中，天山公司追溯调整了上一年度的报表数据，并在报表附注中对该会计政策变更的性质和影响作了披露。楼兰赞同天山公司的变更理由，并对它的调整和披露表示满意。

（2）楼兰没有办法对应收账款进行函证，但她执行了替代的审计程序。楼兰认

为这些替代的审计程序能够提供充分适当的审计证据。

（3）天山公司是一起诉讼中的被告，目前此案正在审理中，判决的结果难以估计。楼兰咨询律师后认为判决结果如果有利于原告，天山公司就有可能被判支付一笔大额的赔款。为了筹集此赔款，天山公司会出售一些经营用固定资产。该或有事项的性质和可能的影响已在报表附注中作了充分披露。

（4）天山公司在 2013 年 4 月 1 日借入了一笔金额高达 1 000 万元的长期借款，该笔借款合同禁止天山公司在未来 5 年内发放股利。天山公司拒绝在财务报表附注中对该限制性规定作出披露。

要求：请说明楼兰工作底稿中哪些事项需要包括在审计报告中，哪些不需要包括在审计报告中。说明楼兰工作底稿中存在哪些有待改进的地方，并请你替她重新编制审计报告。

2. 正则会计师事务所于 2014 年 2 月 5 日接受宏达建筑材料股份有限公司的委托，对该公司 2013 年年度的财务报表进行审查。注册会计师张明和刘宏进驻该公司以后，发现因几天连续的暴雨，该公司遭受了严重的水灾，办公室进水，许多手工记账的会计账簿受损。该公司账簿记录部分由手工处理，部分由计算机处理，但主要还是依赖手工处理。由于保护得当，计算机处理的账簿记录未受损，张明和刘宏试图根据计算机资料重建 2013 年年度的账户系统，但由于缺少重要的数据而难以全面恢复当初的会计记录。

要求：

（1）张明和刘宏应编制哪种类型的审计报告？请说明理由。

（2）请你编制一份恰当的审计报告。（报告日期：2014 年 2 月 10 日）

3. 在下列相互独立的审计环境中，假设你是注册会计师，你会发表何种审计意见？

（1）在对伊犁公司的审计过程中，你发现存货存在严重高估的可能性。但是当你要进一步执行审计程序以证实存货高估的数量和金额时，客户拒绝提供合作。

（2）你正在对乌苏公司进行第一次审计。乌苏公司已成立 5 年，但从来没有被审计过。在审计过程中，乌苏公司不同意你对期初余额进行审计。审计完毕后，你认为本期财务报表的编制符合《企业会计准则》的要求。

（3）你是在于田百货公司会计年度结束日之后才被聘请对该公司进行审计的，所以无法对于田百货公司的期末存货进行盘点。你知道，对于于田百货公司来说，存货项目非常重要。你设法通过执行替代程序获取了充分、适当的审计证据。审计工作完成后，你认为会计报表的编制符合《企业会计准则》的规定，公允地反映了于田百货公司的财务状况、经营成果和现金流量情况。

（4）会计年度结束后大约四个星期，博乐公司的一家主要购货商宣告破产。注册会计师在对应收账款进行函证时，这家购货商确认了其所欠的金额，博乐公司拒绝对应收账款期末余额作出调整或者进行披露。该客户所欠的应收账款占流动资产总额的10%，是当年净利润的30%。

（5）叶城运输公司原来采用购置运输车辆的经营政策。今年叶城运输公司决定不再购置运输车辆，改为租赁所需的车辆。会计政策也相应改为融资租赁的会计处理方法。该会计政策变更已经在会计报表中作了充分的披露。

要求：请你说明每种情况下你将发表的审计意见类型。如果所给的条件不足，可以自行设定。

4. 李琳注册会计师已完成对华联股份有限公司2013年年度财务报表的实地审计工作，现正草拟审计报告。假定2012年年度的审计工作也由该注册会计师完成。2013年年度的审计工作已完成各项规定审计程序，在复核工作底稿时，除发现有以下几项情况需要在编制审计报告时加以考虑外，其他方面均符合出具无保留意见审计报告的要求。

（1）华联公司不愿编制2011—2013年三年的比较财务报表。

（2）华联公司不愿公开现金流量表。

（3）2013年华联公司变更了固定资产折旧方法，并已在财务报表附注中作了说明，但未经主管财政机关批准。

（4）华联公司2013年年末产成品期末余额多计10 000元，影响了当年的利润，注册会计师提请该公司调整，但未被接受。

（5）华联公司从2013年7月份起对产成品发出计价由先进先出法改为加权平均法，使当年主营业务成本上升了1.5万元。这一变化未在财务报表中说明，确定应纳税所得额时也未作调整。

（6）一些应收账款账户余额无法实施函证程序，但已运用其他审计程序进行了验证。

（7）华联公司2010年6月30日曾从某银行取得1 000万元长期贷款，用于购建固定资产。贷款合同限定，需到2015年6月30日后，且获取利润方可支付现金股利。对此，华联公司不愿在财务报表附注中予以说明。

要求：说明上述各项情况对审计报告的影响及原因。

第二部分　各项目课后实训题的参考答案

模块一　项目一　审计概论

一、单项选择题

1. B　2. B　3. D　4. C　5. B　6. C　7. B　8. C　9. D

二、多项选择题

1. AD　2. ABCD　3. ABCD　4. ABD　5. ABD　6. ABC　7. BC　8. BC　9. ABCD

三、审计实务题

1. 解答：

（1）该项审计活动包含的审计种类有：

从审计主体看属于国家审计；从审计目的和内容看属于财政财务审计；从审计人员与被审计单位的关系看属于外部审计；从审计是否具有强制性看属于强制审计；从审计时间看属于事后审计。

（2）审计主体：金州市审计局。审计的总体对象：金州市3个受灾县的救灾资金的管理部门对救灾资金的管理、拨付、使用情况。审计的具体对象：反映救灾资金的管理、拨付、使用情况的会计资料和其他相关资料。

审计的主要内容：国家拨付的救灾资金管理、拨付、使用、结余情况。

审计目的：国家救灾资金管理、拨付、使用和结余的合法性、真实性。查明有无贪污、截留、挪用国家救灾资金等违法乱纪问题。

审计职能：主要体现经济监督职能。

2. 解答：略。

3. 解答：

天健华证中州会计师事务所是注册会计师的工作机构，会计师事务所受托安排本所执业的注册会计师对上市公司“夏新电子”的年度财务报告进行审计后出具审计报告是注册会计师的法定审计业务。这是注册会计师为证券市场健康发展，充分发挥经济鉴证职能的体现。根据我国《注册会计师法》的有关规定，注册会计师出具的审计报告具有法定效力。注册会计师在财务报表审计中必须保持职业谨慎，设计并实施恰当的审计程序，为被审计单位财务报表是否存在重大错报提供合理保证。

4. 解答：

审计人承担 2013 年上市公司年报审计的 23 家会计师事务所。

被审计人：45 家上市公司的管理层和治理层。

审计委托人：45 家上市公司的全体股东（或公司财产的所有人）。

5. 解答：

按照《内部审计基本准则》的有关规定：内部审计的主要目标是对组织内部经营活动的合法性以及内部控制的有效性进行审查评价，为改善组织运营、增加组织价值服务。为实现这一目标，组织就应当保证内部审计机构的设置体现相对独立地位。大学的财务处是负责该单位财务会计核算工作的职能部门，该部门组织的财务收支活动以及生成的相关会计资料的合法性、真实性、内部会计控制有效性应当经过较为独立的内部审计机构审查评价，以促进该大学进一步完善财务管理，健全内部控制，确保国家教育经费收支活动的合法性和教育服务的社会效益性。

因此，为保证该大学内部审计的独立性，该大学的审计机构应当独立于财务处专门设置，而不是由财务处下设审计处。

6. 解答：

（1）解题思路

①要运用审阅法、核对法、验算法等审计方法。

审阅资产负债表，并与原材料总账、生产成本明细账、原材料收发月报表、存货盘点表核对，验算“原材料”期末余额，以判断资产负债表的存货项目填报是否正确。

②如果认为不正确，再具体列举存在的问题以及说明应如何对报表进行调整。

（2）存在的问题

①经审查，资产负债表“存货”项目中“产成品”和“在产品”是正确的，“原材料”列报不正确，这导致资产负债表“存货”的填列不正确。

②经审计人员验算：“原材料”收发月报表中期末结存额应为 152 000 元，列报的结存数量与盘点表是一致的，说明资产负债表中“原材料”应按照 152 000 元

填列。

③金马股份公司填报存货为120 000元，说明资产负债表的存货项目少计了32 000（152 000−12 000）元，导致虚减资产32 000元，虚增管理费用32 000元，虚减利润32 000元。

④调整。

资产负债表左边：

存货项目增加32 000元，即调整为：250 800+32 000=282 800（元）

资产负债表右边：

增加"应交税费"（企业所得税）9 600（32 000×25%）元，即为21 600元（12 000+9 600）。

增加"未分配利润"22 400元，即为43 566（21 156+22 400）元。

模块一　项目二　审计组织和审计程序

一、单项选择题

1. D　2. B　3. B　4. CB　5. C　6. D

二、多项选择题

1. ABC　2. ABCD　3. ABCD　4. ABCD　5. CD　6. ABCD

三、审计实务题

1. 解答：

本案例中审计署对北京市密云县机构运转情况进行审计调查活动，是国家审计履行对各级政府财政收支审计职责的体现。《中华人民共和国审计法》第十六条至第二十六条规定了审计机关的职责，归纳起来主要是要对国家公共资金取得、管理和使用进行监督。其中第一项审计职责是"对国家各级政府财政收支审计"。密云县各类党政机关、社会团体及国有企事业单位等组织机构的正常运行所需要的公用经费和人员经费主要来自财政拨款。这些公共资金或财政资金的管理和使用理所当然要接受国家审计机关的监督检查。

2. 解答：

小李提议聘请会计师事务所的注册会计师对连锁店2013年会计报表进行审计的提议是可以帮助他们解决问题的。首先，会计师事务所的注册会计师是独立于连锁店实际经营管理人小张，也同时独立于连锁店的另外2名合伙人小王与小李。注册会计师与小张、小王、小李都没有任何利害关系，便于站在中立的地位评价 2013 年年度财务会计报表信息的公允性。其次，会计师事务所的注册会计师具备对连锁店的财务报表进行审计并发表审计意见的能力和素质。所以，如果聘请注册会计师对连锁店 2013 年财务会计资料进行审计后，至少可以让没有参与连锁店经营管理的小王和小李二人清楚连锁店真实的财务状况、经营成果。在此基础上，3 人再商谈能否进行利润分成的问题既合情合理，又有理有据。

本案例反映出的合伙开店的困惑，以聘请由会计师事务所审计予以解决，正说明注册会计师财务报表审计的职责是对委托人的财务报表财务状况和经营成果及现金流量的合法性、公允性发表审计意见。注册会计师的审计工作的总目标是对被审计单位财务报表已经作出的认定进行再认定。

3. 解答：

被审计单位概况表是审计人员在了解被审计单位基本情况后及时形成的一种审计记录，在审计工作中并没有固定的格式，一般是审计人员依据被审计单位情况，灵活确定记录的方式，既可以用表格也可以用文字记录。

就湘宁江风服装有限责任公司基本情况表而言，审计人员应当了解清楚并予以记录的基本要素应当有：湘宁江风服装有限责任公司的性质、隶属关系及内部组织机构设置；财务会计机构和内部审计机构的设置情况；法定代表人或主要管理人员的姓名及联系方式；公司的经营范围和经营方式；公司的规模（资产、员工人数等）；主管税务机关名称；开户银行；近三年主要经济指标特别是财务指标完成情况；主要产品的市场竞争及经营风险情况；等等。

4. 解答：审计业务约定书可参考教材范例，此处省略。

模块一　项目三　审计准则、职业道德与法律责任

一、单项选择题

1. A　2. B　3. C　4. C　5. B

二、多项选择题

1. ABD　2. ABCD　3. ABCD　4. ABD　5. ABCD　6. ABC

三、审计实务题

1. 解答：

根据《中国注册会计师职业道德规范指导意见》的有关规定：可能损害独立性

的因素包括经济利益、自我评价、关联关系和外界压力等。如果鉴证小组成员曾是鉴证客户的董事、经理、其他关键管理人员或能够对鉴证业务产生直接重大影响的员工，接受委托的会计师事务所和注册会计师应当考虑自我评价对审计独立性可能产生的损害。

李华注册会计师在本次审计中应当回避为宜。理由：李华从春光公司离职距本次审计的时间还不满两年，同时他的妻子还是春光公司财务人员，他担任对春光公司财务报表审计的负责人可能产生自我评价威胁，同时他的妻子持有春光公司股票，还有可能使得李华迫于经济利益威胁损害审计的独立性。

2. 解答：

根据《中国注册会计师职业道德规范指导意见》，刘某言行不当之处如下：

（1）刘某所在会计师事务所不具备承揽上市公司等证券期货业务年报审计的资质，而要招揽这类审计业务，违反了“注册会计师不得提供不能胜任的专业服务”的职业道德要求。

（2）聘请其他会计师事务所注册会计师一起做上市公司审计项目的言论，违反了“不能以收入分成合作方式招揽业务”的规定。

（3）会计师事务所在确定收费时，应当客观反映为客户提供专业服务的价值，收费与否或多少不得以鉴证工作结果或实现特定目的为条件。张某承诺“审计报告的意见结论包你们满意，不满意不收费”的说法违反关于审计收费方面的职业道德要求。

（4）刘某的“保证审计收费低于其他会计师事务所”的言论有排挤同行的不正当竞争嫌疑。

3. 解答：

河南省注册会计师协会对河南岳华会计师事务所发出惩戒令是合适的。

理由：根据《中国注册会计师职业道德规范指导意见》的有关规定：“注册会计师应当维护职业形象，在向社会公众传递信息时，应当客观、真实、得体。会计师事务所不得利用新闻媒体对其能力进行广告宣传，但刊登设立、合并、分立、解散、迁址、名称变更、招聘员工等信息以及注册会计师协会为会员所作的统一宣传不在此限。”

“会计师事务所和注册会计师在招揽业务时不得有以下行为：暗示有能力影响法院、监管机构或类似机构及其官员；作出自我标榜的陈述，且陈述无法予以证实；与其他注册会计师进行比较；不恰当地声明自己是某一特定领域的专家；作出其他欺骗性的或可能导致误解的声明。”

河南岳华会计师事务所在媒体刊登员工招聘广告是没有违反职业道德的，但广告内容中将它的同行——亚太会计师事务所的业务骨干作为发出招聘邀约的对象，有不当地利用同行的影响力，夸大自身的业务能力和影响力，甚至有挖对方墙脚的嫌疑，是一种对其能力进行不适当广告宣传的例证。

在广告词中有聘请各类专家，包括财政部门等政府监管机构专家的语言措辞，有暗示自己的影响力，进行不恰当的自我标榜嫌疑。

河南省注册会计师协会对河南岳华会计师事务所发出惩戒令，有利于警示全省的会计师事务所及注册会计师，在任何情况下都要加强职业自律，守住注册会计师职业道德底线，这样才能更好地取信于社会公众，真正发挥注册会计师职业的经济鉴证职能。

模块一　项目四　审计的重要性和审计风险

一、单项选择题

1. D　2. C　3. A　4. B　5. C

二、多项选择题

1. AC　2. AB　3AD　4. BD　5. BD　6. ABCD

三、审计实务题

1. 解答：

注册会计师先选择审计实务工作中常用的判断基础和比例进行计算，见表 2-1。

表 2-1　　重要性水平初步测算表

判断基础	固定比例	重要性水平计算（万元）
资产总额	0. 5%	200 000×0. 5% = 1 000
净资产	1%	89 000×1% = 890
主营业务收入	0. 5%	250 000×0. 5% = 1 250
净利润	5%	26 250×5% = 1 312. 5

经过上述计算看出，在同一期间，资产负债表的重要性水平和利润表的重要性水平不同。由于审计的重要性与审计风险是反向变动关系，为了控制审计风险，注册会计师应当选择对每一张报表来说都重要的错报金额作为本次财务报表审计的重要性水平。所以，注册会计师在编制“审计总体策略”时可将 890 万元作为财务报表层次的重要性水平。

2. 解答：

华林酒店面临激烈的行业竞争和国家宏观政策环境变化的不利局面，公司的盈利有大幅下降，资金周转危机加剧，拖欠债务不断增加。从全球资本市场上时而曝出的一些财务丑闻案来看，大多都存在着公司管理层、治理层在遇到经营危机和财务危机时，通过诸多违反会计准则的手段，掩盖财务状况和经营成果的情况。所以，华林酒店的经营风险和财务风险加剧，为顺利度过财务危机，确保公司持续经营，管理层有可能会产生违规违法方式伪造财务业绩的冲动，如想方设法高估资产，低计负债，以操纵利润，制造出盈利趋势持续上升的假象，取得潜在的债权人和投资人的信任，实现大额筹资目的。故注册会计师刘某和张某合理推断华林酒店财务报表存在重大错报的风险较高。

3. 解答：

略。

模块二　项目一　内部控制评审

一、单项选择题

1. D　2. B　3. D

二、多项选择题

1. ABD　2. BD　3. ABCD

三、审计实务题

1. 解答：

东方贸易公司三位职员分工如下：1、6、7 工作由一个人负责；2、3 工作由一个人负责；4、5、8 工作由一个人负责。

2. 解答：

（1）采取的内部控制措施为：①入场券连续编号；②售票和收票分两人负责；③入场时收票员将票一撕两半，各执一半；④票据加锁。

（2）收票员收票时不撕票而将全票交给售票员重新出售；收票员直接收现金，而让交钱者进场。

（3）观察售票员手中有无散票、旧票；突击抽查观众是否无票或持旧票入场。

（4）严格控制未用入场券，记录每日每班第一和最后一张的券号；抽点库存现金；入场券加盖剧场的公章和日期章；不定期观察是否利用售票机售票以及监视售票时有无持废票、旧票或无票入场事情发生。

3. 解答：

该案例存在的问题是：没有人核对员工的工时卡，却只记录了该员工的工作时间，例如A员工不做了，将工时卡和工资卡交予B，B每日仍继续帮A打卡，然后A多领工资。或者其他的情况，即人没有上班，但却打了工时卡。

模块二　项目二　审计证据和审计工作底稿

一、单项选择题

1. D　2. D　3. D　4. B　5. C　6. B

二、多项选择题

1. ABCD　2. ABC　3. AC

三、审计实务题

1. 解答：

（1）小张运用盘点法和函证法获取的是实物证据和书面证据；小吴运用分析法和函证法获取的是书面证据；老杨运用盘点法和计算法获取的是实物证据和书面证据；老王运用盘点法和计算法获取的是实物证据和书面证据。

（2）对不能确定的固定资产及小组成员的疑问，还应该执行分析性程序及查询法，取得书面证据和外部证据。

2. 解答：

（1）根据库存现金的清查结果，审计人员可编制该单位库存现金情况表，见表2-2。

表2-2　库存现金情况表

2010年6月30日　　单位：元

项目	金额	备注
库存现金实际清点数额	290	
加：已付讫未入账的支出凭证	2 000	
加：白条抵库数	2 000	缺1 386
库存现金实存额	4 290	
库存现金账面结存额	5 676	

企业会计：××　出纳：××　制表：××　复核：××　单位公章：

（2）该单位在库存现金管理上存在以下问题：

①现金账实不符。审查日账面结存额为5 676元，而实际库存现金为4 290元，短缺现金1 386元。

②白条抵库。出纳员以白条借给职工李××，并为其他单位垫付现金。

③审批手续不全。出纳员未经领导批准，擅自出借现金，严重违反现金资金管理条例。

（3）审计意见：

① 应查明现金短缺的原因，并追究出纳员的责任。

②立即催收出借垫付的现金，及时收回交库。

3. 解答：

审计工作底稿分类情况见表 2-3。

表 2-3　　审计工作底稿分类表

综合类工作底稿	（3）、（4）、（5）
业务类工作底稿	（6）、（7）、（8）
备查类工作底稿	（1）、（2）

模块二　项目三　销售与收款循环审计

一、单项选择题

1. A　2. B　3. A　4. C　5. D　6. B　7. A　8. A　9. C　10. B

二、多项选择题

1. BC　2. ABC　3. ABCD　4. BCD　5. ABC　6. ABCD　7. BCD　8. BCD　9. ACD　10. BCD

三、判断题

1. 对；2. 对；3. 对；4. 对；5. 对；6. 错；7. 错；8. 对；9. 错；10. 对

四、审计实务题

1. 解答：

根据企业会计准则规定，分期收款销售方式应按合同约定收款日期或收到款项时，以合同约定收款金额确认销售收入并结转相应成本。该公司于 2006 年 12 月将销售给 B 公司的 200 件甲产品全部确认为销售收入是错误的，相应结转产品销售成本也是错误的。这将导致 12 月份虚增利润、税费。应作审计调整分录如下：

借：以前年度损益调整　　　　120 000

贷：应收账款　　120 000

借：发出商品　　96 000

贷：以前年度损益调整　　96 000

2. 解答：

（1）应调整的销售收入和销售成本项目有：

①12 日售给友联工厂的 1 600 件产品，应贷记主营业务收入 32 000 元（审计调整时用“以前年度损益调整”科目）、销项税额 5 440 元（检查时用“应交税费——增值税检查调整”科目），同时结转未转的销售成本。审计调整分录为：

借：银行存款　　37 440

贷：以前年度损益调整　　32 000

应交税费——增值税检查调整　　5 440

借：以前年度损益调整　　24 000

贷：库存商品　　24 000

②20 日公司托儿所大修理领用乙产品 100 件，应视同销售，应按售价（2 000 元）计提销项税额 340 元，以成本 1 500 元与销项税额 340 元之和计入“在建工程”科目或“应付职工薪酬——非货币性福利”科目；美丰公司只按成本转账，未按售价计提增值税销项税额。审计调整分录为：

借：在建工程（或应付职工薪酬）　　340

贷：应交税费——增值税检查调整　　340

③28 日前锋工厂退回质量有问题的甲产品 400 件，应冲销当月销售收入 4 000 元、销项税额 680 元，同时应冲回已结转销售成本 2 800 元。审计调整分录为：

借：以前年度损益调整　　4 000

应交税费——增值税检查调整　　680

贷：应收账款——前锋工厂　　4 680

借：库存商品　　2 800

贷：以前年度损益调整　　2 800

上述业务共应调整增加销售收入 28 000（32 000−4 000）元、销项税额 5 100（5 440+340−680）元，销售成本应调整增加 21 200（24 000−2 800）元。

（2）该公司销售业务存在的问题：对销售确认违反了权责发生制原则和收入实现制原则，没有划清各会计期间的收入界限；对销售成本结转违反了配比原则的要求，与销售收入口径不一致，产品存货管理缺乏严格的内部控制，由此造成了利润虚增；对生活福利单位领用的产品，按规定应视同销售，该公司未作销售处理，属于违反财务会计制度的行为。上述问题的存在，构成了偷漏销售税金和所得税的违法行为。

（3）处理意见：审计人员应提请该公司调整销售收入、销售成本，补交增值税、城市维护建设税、教育费附加、所得税及应交滞纳金和罚款。

注：当月应补交增值税税额 5 100 元、城市维护建设税 357（5 100×7%）元、教育费附加 153（5 100×3%）元、企业所得税 1 572.50［（28 000－21 200－357－153）×25%］元。

3. 解答：

（1）应采取替代程序，包括检查与销售有关的凭证，如销售订单、销售发票、出库单等；或者检查资产负债表日后的收款凭证，资产负债表日后的收款间接地证明了资产负债表日的应收账款确实存在。

（2）可能是时间差异造成的，审计人员应审查收款凭证，看货款是否收到及收到的日期。如果货款在函证日之前已收到，则可能是记账错误，即收到货款时贷记入了另一客户的明细账户，审计人员应审查账户记录并对贷记的账户进行函证。

（3）该顾客的回答很不清楚，审计人员应重新函证，请具体准确答复。

（4）很有可能是客户在货物所有权尚未转移前就认定为销售实现，审计人员应审查销货发票的副本和有关的购销合同、协议。

（5）检查预收账款是否确实已收到，并能够抵付应付账款；若已收到，并能够抵付，则提请被审计单位作会计调整：

借：预收账款　　1 500

　贷：应收账款　　1 500

（6）审核 A 公司的货运文件等资料以查明货物是否发出，如果确已运出，应将货运文件影印件送请 A 公司重新查证；如果尚未运出，提请 A 公司作会计调整。

4. 解答：

注册会计师应提请 X 公司作以下报表重分类调整分录：

借：应收账款——D 公司　　12 000 000

　贷：预收账款——D 公司　　12 000 000

X 公司应按账龄分析法补提应收账款坏账准备：

补提数＝［47 250 000×10%＋（3 600 000＋12 000 000）×30%＋1 011 000×50%＋68 000×80%］－6 384 900＝3 600 000（或 12 000 000×30%＝3 600 000）（元）

注册会计师应提请 X 公司作以下调整分录：

借：资产减值损失——计提的坏账准备　　3 600 000

　贷：应收账款——坏账准备　　3 600 000

5. 解答：

（1）将多计的销售收入、利润、所得税、盈余公积和税后利润冲回：

借：以前年度损益调整　　1 500 000

　贷：应收账款　　1 500 000

借：应交税费——应交企业所得税　　375 000

　贷：以前年度损益调整　　375 000

借：盈余公积——法定盈余公积　　112 500

贷：以前年度损益调整　　112 500

借：利润分配——未分配利润　　1 012 500

贷：以前年度损益调整　　1 012 500

（2）收回多付的承包奖：

借：其他应收款　　150 000

贷：利润分配——未分配利润　　150 000

对承包人处以罚款并进行批评教育。

模块二　项目四　采购与付款循环审计

一、单项选择题

1. B　2. A　3. A　4. A　5. A　6. A　7. A　8. B　9. B　10. A

二、多项选择题

1. BD　2. ABC　3. BCD　4. ABCD　5. ABD　6. ABCD　7. ABCD　8. ABC　9. AD　10. ABD　11. ACD　12. ABCD　13. BCD　14. ABC　15. ABCD

三、判断题

1. 对；2. 错；3. 错；4. 错；5. 对；6. 错；7. 对；8. 错；9. 对；10. 对

四、简答题

1. 解答：

（1）检查当年固定资产增加的有关文件，涉及与期末账户余额相关的“存在”认定和“权利和义务”认定。

（2）实地视察固定资产，并查明其产权的归属，涉及与期末账户余额相关的“存在”“完整性”“权利和义务”三项认定。

（3）查明有无以固定资产担保或抵押等情况，涉及与期末账户余额相关的“权利和义务”以及与列报相关的“完整性”认定。

（4）审查提取折旧的方法是否适当，涉及与期末账户余额相关的“计价和分摊”认定。

2. 解答：

（1）注册会计师应关注 X 公司对 A 设备在 2014 年是否继续计提折旧，若已停止计提折旧，则建议其补提折旧。

（2）公司对空调计提折旧不正确。季节性停用的固定资产应照提折旧，所以被审计单位的处理方法是错误的，建议其补提折旧。

（3）X 公司购入的设备，应在其达到预定可使用状态时转入固定资产，从次月开始计提折旧。被审计单位应从 6 月份起计提折旧，注册会计师应建议 X 公司补提折旧。

（4）X 公司计算的 B 设备的折旧率不正确，应该是 9.5%，在计算折旧率时未考虑净残值的影响，注册会计师应建议 X 公司调整折旧。

五、审计实务题

1. 解答：

（1）对华兴公司 2013 年 12 月 31 日年度资产负债表中列示的应付账款项目，注册会计师要求华兴公司进行重新分类。应付账款总账中 A、B、D 公司明细账贷方余额合计数真正反映华兴公司年末应付账款余额 9 500 000 元，应付 C 公司账款余额为负数 1 500 000 元即借方余额，实质属于华兴公司预付账款，属于华兴公司的债权，应合并反映在预付账款项目中，不能以所属明细账余额相抵后的数额填列在会计报表中。

（2）在建工程中已于当年 6 月完工并交付使用的 20 000 000 元房屋建筑物应及时结转固定资产，在增加固定资产账面价值、减少在建工程成本的同时，还应从 7 月份开始计提固定资产折旧计入使用期间产品成本或期间费用，共应计提折旧费 320 000［2 000×（1-4%）÷30÷12×6］元。注册会计师应要求华兴公司进行调账，调账分录为：

借：固定资产　　　　　　20 000 000
　贷：在建工程　　　　　　　　20 000 000
借：以前年度损益调整　　　320 000
　贷：累计折旧　　　　　　　　　320 000

2. 解答：

（1）资产负债表“应付账款”项目应根据应付账款明细账贷方余额合计填列；如果应付账款明细账出现借方余额，反映的是公司的债权，属于资产性质，应合并在“应收账款”项目中，而不能直接与负债抵减，所以应作重分类调整。审计调整分录为：

借：预付账款——环宇公司　　　400 000
　贷：应付账款——环宇公司　　　　400 000

（2）按会计准则规定，不属于购销原因引起的应付款项，不应在应付账款科目核算，应在其他应付款科目核算。注册会计师应建议其调整。审计调整分录为：

借：应付账款——宏达公司　　　500 000

贷：其他应付款——宏达公司　　500 000

3. 解答：

注册会计师应选择B公司和D公司进行函证，因为B公司是德隆公司的重要供货人，尽管B公司明细账在年末时的余额为零，但2013年年度供货总额达到2 880 000元，占很大比重，通过函证可以证实两家公司大额交易的真实性与正确性，对德隆公司存货资产的形成和成本水平有重要的影响；而D公司既是德隆公司的重要供货人，同时其年末余额又较大，在应付账款余额中占有很高的比重，通过函证可以证实与D公司大额交易的真实性与可靠性，不仅对德隆公司存货资产的形成和成本水平有重要的影响，还可以证实德隆公司应付账款负债的真实性和正确性。

4. 解答：

（1）上述资料描述的材料采购业务核算存在如下问题：①财会部门记账在前，仓库部门验收在后，财会部门没有以验收单作为原材料成本入账的记账依据，不但采购业务容易出错，账簿记录也容易混乱，造成账实不符；②在以发票账单作为记账凭证附件（依据）做账时，应使用“材料采购”科目而不是“原材料”科目，等验收入库时再以实际入库数量计算结转采购成本，从“材料采购”科目结转到“原材料”科目；③原材料采购成本和进项税额的计算错误，运杂费应计入原材料采购成本而不应直接计入管理费用，运杂费中的包装费和保险费等杂费不应作为计算进项税额的依据，只能以运费和建设基金作为基数计算抵扣进项税额；④对采购过程中发生的非正常短缺，应根据原因进行不同的处理，若属于运输单位责任造成的短缺，应将其从采购成本中冲减，记入“其他应收款”科目，否则会虚增入库材料采购成本，影响资产计价的正确性。

（2）注册会计师可作如下处理：①可以向红星公司财务部门提出改进原材料核算方法的建议；②建议财会部门调整原材料采购成本和进项税额，将多计的进项税额冲减28（400×7%）元，调减材料成本2 782［300 000÷7 500×140－（3 000－2 600×7%）］元；③将应由运输部门赔偿的短缺材料款5 600元（300 000÷7 500×140）转入“其他应收款”科目；④将错计入管理费用的材料运杂费冲减当年期间费用，结转至“以前年度损益调整”科目（暂不考虑对当年所得税的影响）。审计调整分录为：

借：其他应收款　　5 600

　贷：原材料　　2 782

　　以前年度损益调整　　2 790

　　应交税费——增值税检查调整　　28

模块二　项目五　生产与存货循环审计

一、单项选择题

1.【正确答案】：C

【解答】：甲产品的成本 = 50+16 = 66（万元），甲产品的可变现净值 = 60－10 = 50（万元），甲产品的成本大于可变现净值，所以持有的用于生产甲产品的材料应按照成本与可变现净值孰低计量。材料的可变现净值 = 60－16－10 = 34（万元），成本为 50 万元，所以应计提存货跌价准备 = 50－34 = 16（万元 ）。

2.【正确答案】：D

【解答】：商品入库后发生的仓储费用应计入当期管理费用。

3.【正确答案】：C

【解答】：当年 12 月 31 日存货的账面价值 = 128+215+316 = 659（万元）。

4.【正确答案】：D

【解答】：选项 A、C 影响的仅仅是存货余额，并不涉及存货数量的增减；如果退货后未及时入账，选项 B 将导致存货实存数小于记录的数量，选项 D 将导致存货实存数量大于记录的数量。

5.【正确答案】：B

【解答】：略。

6.【正确答案】：D

【解答】：分析程序不能准确地将差错查出来，因此不可能确认其差异的真实性。

7.【正确答案】：D

【解答】：如果虚构收入，同时又结转了相应的成本，产品销售的毛利率一般不会发生较大的变化；但由于结转了成本会导致相关的存货账面数减少，所以通过对存货监盘，如果发现实际盘点数量大于该存货的账面记录数，就有可能发现虚假销售的情况。

8.【正确答案】：D

【解答】：选项 A、B、C 均为监盘过程中（而非“之前” ）应实施的工作。

9.【正确答案】：B

解答：略。

10.【正确答案】：A

【解答】：编制请购单、控制存货以免出现积压及检验购入货物的数量不属于采购部门的职责。

二、多项选择题

1.【正确答案】：ABD

【解答】：被审计单位存货的性质可能导致注册会计师无法实施存货监盘，此时注册会计师通常需要依赖内部控制，比如复核采购、生产和销货记录，以获取充分、适当的审计证据。在通常情况下，还可以向能够接触到相关存货项目的第三方人员询证。此外注册会计师还可以实施其他替代程序。例如，对于危害性物质，如果被审计单位对其生产、使用和处置存有正式报告，注册会计师可通过追查至有关报告的方式确定此类危害性物质是否存在。

2.【正确答案】：AC

【解答】：略。

3.【正确答案】：ABCD

【解答】：根据存货审计准则，注册会计师应特别关注存货的移动情况、存货的状况、期末截止等问题。

4.【正确答案】：BCD

【解答】：注册会计师在对存货进行监盘时的检查时，其目的既可以是确证被审计单位的盘点计划得到适当的执行（控制测试），也可以是证实被审计单位的存货实物总额（实质性程序）。

5.【正确答案】：AD

【解答】：选项 A 中，对存货监盘主要是用来证实存货的“存在”认定；选项 D 中，对难以盘点的存货应当检查购货交易凭证或资产负债表日后的销货交易凭证。

6.【正确答案】：ABCD

【解答】：略。

7.【正确答案】：BC

【解答】：选项 A、D 是存货监盘结束时，注册会计师应当做的工作，而不是在被审计单位存货盘点结束前所做的工作。

8.【正确答案】：BD

【解答】：选项 A，监盘的范围要告知被审计单位，但检查的范围不能告知；选项 C，期初存货未能监盘时，注册会计师应通过实施替代程序对期初余额加以确认。

9.【正确答案】：ACD

【解答】：选项 A、D 均为在途存货，选项 C 在期末应作为购货方的库存商品暂估入账。

10.【正确答案】：ABCD

【解答】：略。

11.【正确答案】：ABCD

【解答】：略。

12. 【正确答案】：ACD

【解答】：略。

13. 【正确答案】：ABD

【解答】：略。

14. 【正确答案】：ABC

【解答】：采购、清查、验收与保管职务不相容；选项 D，存货处置的申请由保管人员兼任可以提高工作效率。

15. 【正确答案】：ABC

【解答】：产品完工后、入库前的验收应由独立于生产和仓储这两个部门的人员实施。在有三个生产车间的情况下，最好设专门的验收部门。

三、判断题

1. 错；2. 错；3. 错；4. 对；5. 对；6. 对；7. 错；8. 对；9. 错；10. 对

四、审计实务题

1. 解答：

ABC 公司将在建工程领用的材料以盘亏的名义挤入产品生产成本，这种错误会造成以下影响：

（1）虚增产品生产成本，进而影响当期损益和所得税；

（2）少计在建工程成本，影响固定资产入账价值，进而影响后期的折旧费用以及各期损益的正确性；

（3）在建工程领用原材料的进项税额不得从销项税额中抵扣，而公司未将其进项税额转出，导致多计当期增值税进项税额，从而少计当期应纳增值税额。在不考虑所得税的情况下，应作如下审计调整：

借：在建工程	3 510	
贷：库存商品		1 500
以前年度损益调整		1 500
应交税费——增值税检查调整		510

2. 解答：

该企业在发出材料成本核算中未按规定计算结转发出材料成本差异，多转发出材料节约差异，少计发出材料成本，进而影响当期生产成本、制造费用、管理费用和销售费用，最终影响当期损益和所得税的正确性。

材料成本差异率=（8 340+2 455 000−2 500 000）÷（320 000+2 500 000）×100%=−1.3%

发出材料应分摊的成本差异＝960 000×（－1.3%）＝－12 480（元）

其中生产成本应分摊节约差异＝920 000×（－1.3%）＝－11 960（元）

制造费用应分摊节约差异＝12 000×（－1.3%）＝－156（元）

管理费用应负担节约差异＝8 000×（－1.3%）＝－104（元）

销售费用应分摊节约差异＝20 000×（－1.3%）＝－260（元）

发出材料实际成本＝960 000－12 480＝947 520（元）

企业多转材料节约差异即少转材料成本＝947 960－931 960＝15 560（元）

其中生产成本少计材料成本＝15 560×920 000÷960 000＝14 911.67（元）

制造费用少计材料成本＝15 560×12 000÷960 000＝194.50（元）

管理费用少计材料成本＝15 560×8 000÷960 000＝129.67（元）

销售费用少计材料成本＝15 560－14 911.67－194.50－129.67＝324.16（元）

企业少计产品成本为 15 106.17 元（14 911.67+194.50）。

企业少计销售成本为 15 106.17 元。

少转期间费用为 453.83 元（129.67+324.16）。

多计营业利润为 15 560 元（15 106.17+453.83）。

审计调整分录为：

借：以前年度损益调整　　　　15 560

　贷：材料成本差异　　　　　　15 560

3. 解答：

该公司将不应由当期产品成本负担的已领未用材料费用 2 260 元、固定资产清理人员工资 1 340 元计入成本，将在建工程领用钢筋、水泥 2 252 元计入制造费用，将应计入当月制造费用的设备租赁费 700 元漏记，导致成本计算错误。产品成本计算过程如下：

直接材料费用＝202 560－2 260＝200 300（元）

直接薪酬费用＝23 840－1 340＝22 500（元）

制造费用＝33 760+700＝34 460（元）

直接材料费用分配率＝（36 000+200 300）÷（1 680+680）＝100.13（元）

月末在产品应分配直接材料费＝680×100.13＝68 088.40（元）

完工产品应分配直接材料费＝236 300－68 088.4＝168 211.60（元）

直接薪酬费用分配率＝（3 600+22 500）÷（1 680+680×60%）＝12.50（元）

完工产品应分配直接薪酬费用＝1 680×12.50＝21 000（元）

月末在产品应分配直接薪酬费用＝680×60%×12.5＝5 100（元）

制造费用分配率＝（6 420+34 460）÷（1 680+680×60%）＝19.58（元）

完工产品应分配制造费用＝680×60%×19.58＝7 988.64（元）

月末在产品应分配制造费用＝40 880－7 988.64＝32 891.36（元）

经审定后的产品成本计算单，见表 2-4。

表 2-4　　　　产品成本计算单

2014 年 12 月　　　　单位：元

成本项目	月初在产品成本	本月生产费用	生产费用合计	月末在产品成本	完工产品成本
直接材料费用	36 000	200 300	236 300	68 088. 40	168 211. 60
直接薪酬费用	3 600	22 500	26 100	5 100	21 000
制造费用	6 420	34 460	40 880	7 988. 64	32 891. 36
合计	46 020	257 260	303 280	81 177. 04	222 102. 96

通过计算说明：少计在产品成本 11 877. 04（81 177. 04-69 300）元，多转完工产品成本 14 777. 04（236 880-222 102. 96）元，因产成品全部售出，即视为多转主营业务成本 14 777. 04 元。

审计调整分录为：

借：生产成本　　9 625. 04（11 877. 04-2 252）
　　原材料　　2 260
　　固定资产清理　　1 340
　　在建工程　　2 634. 84
　贷：预付账款　　700
　　　以前年度损益调整　　14 777. 04
　　　应交税费——应交增值税（进项税额转出）　　382. 84

或可以分作两笔调整分录：

借：生产成本　　11 877. 04
　　原材料　　2 260
　　固定资产清理　　1 340
　贷：预付账款　　700
　　　以前年度损益调整　　14 777. 04
借：在建工程　　2 634. 84
　贷：生产成本　　2 252
　　　应交税费——应交增值税（进项税额转出）　　382. 84（2 252×17%）

4. 解答：

乐华公司以生产的液晶彩电发给职工作福利，应视同销售货物，在确认销售收入的同时计提增值税销项税额。而该公司却未按规定确认收入，既少计了生产成本、制造费用和管理费用，又会少计应付职工薪酬和企业所得税。正确的分录为：

借：生产成本　　2 620 800
　　制造费用　　163 800
　　管理费用　　491 400

贷：应付职工薪酬——非货币性福利　　3 276 000

借：应付职工薪酬——非货币性福利　　3 276 000

贷：主营业务收入　　2 800 000

应交税费——应交增值税（销项税额）　　476 000

借：主营业务成本　　2 000 000

贷：库存商品　　2 000 000

乐华公司应付职工薪酬核算存在的问题：少计生产成本 640 000（2 620 800－1 980 800）元，少计制造费用 40 000（163 800－123 800）元，少计管理费用 120 000（491 400－371 400）元，少计应付职工薪酬 1 276 000（3 276 000－2 000 000）元，少计利润 2 000 000（2 800 000－640 000－40 000－120 000）元，因此少计企业所得税500 000（2 000 000×25%）元。

审计调整分录为：

借：以前年度损益调整　　1 776 000

贷：应付职工薪酬——非货币性福利　　1 276 000

应交税费——应交企业所得税　　500 000

模块二　项目六　筹资与投资循环审计

一、单项选择题

1.【正确答案】：A

【解答】：在逾期未偿还的情况下，如果被审计单位与债权人办理了延期还款手续，则不会有选项 B、C 中的顾虑，而选项 D 无助于消除上述顾虑。

2.【正确答案】：C

【解答】：选项 A、B 属于为实现借款和所有者权益权利和义务认定而执行的程序；选项 D 为实现借款和所有者权益列报认定的程序；选项 C 顺查相关凭证属于实现借款和所有者权益完整性认定目标的程序。

3.【正确答案】：C

【解答】：选项 C 执行的是分析程序，分析程序可以用作实质性程序，但不能用作控制测试，所以选项 C 不属于控制测试。

4.【正确答案】：D

【解答】：略。

5.【正确答案】：D

【解答】：略。

6.【正确答案】：A

【解答】：非同一控制下企业合并中，应以实际付出对价作为长期股权投资的初始入账价值。所以本题的正确处理是：

借：长期股权投资——乙企业　　6 435
　贷：其他业务收入　　5 500
　　　应交税费——应交增值税（销项税额）　　935
借：其他业务成本　　5 000
　贷：原材料　　5 000

7. 【正确答案】：A

【解答】：期末交易性金融资产的公允价值大于或小于其账面余额，会计处理为：借记或贷记“交易性金融资产”科目，贷记或借记“公允价值变动损益”科目，不影响投资收益。交易性金融资产持有期间收到包含在买价中的现金股利，冲减应收股利，不影响投资收益。只有 A 项收到不包含在买价中的股利，会计处理是：借记“银行存款”科目或“应收股利”、“应收利息”科目，贷记“投资收益”科目。

8. 【正确答案】：C

【解答】：除无记名证券外，企业在购入股票或债券时应在购入的当日尽快登记于企业名下，切忌登记于经办人员名下，防止发生冒名转移并借其他名义牟取私利的舞弊行为。

9. 【正确答案】：D

【解答】：略。

10. 【正确答案】：B

【解答】：投资业务应由企业的高层管理机构进行核准，财务经理负责办理具体的股票和债券的买卖业务，证券投资部经理负责选择恰当的投资对象以及后期的投资管理。

二、多项选择题

1. 【正确答案】：CD

【解答】：选项 A、B 属于财务管理指标。

2. 【正确答案】：ABD

【解答】：略。

3. 【正确答案】：ABC

【解答】：选项 D 属于控制测试。

4. 【正确答案】：ACD

【解答】：选项 A，虽然“了解银行对 C 公司的授信情况”是评价被审计单位的信誉和融资能力的一个程序，但同时也可作为实质性程序使用，用以发现低于授信额度的长期借款记录的完整性。选项 B，该审计程序对应的审计目标是长期借款的存在，并不是完整性，所以不正确。

5.【正确答案】：BC

【解答】：借款费用资本化率的选择，如果知道实际利率则选择实际利率，所以选项 A 的说法正确；对于正常原因造成的中断不能停止资本化，所以选项 B 不正确；对于选项 C 而言，符合资本化条件的均应资本化；在达到预定可使用状态前发生的汇兑差额应计入固定资产购建成本，所以选项 D 是正确的。

6.【正确答案】：AB

【解答】：选项 A，应付债券的发行要有正式的授权程序，每次均要由董事会授权；选项 B，记录应付债券业务的会计人员不得参与债券发行。

7.【正确答案】：ABCD

【解答】：略。

8.【正确答案】：AC

【解答】：为取得长期股权投资而发生的评估、审计、咨询费等间接相关费用应计入当期损益；投资付款额中所含的已宣告而尚未领取的现金股利应确认为应收股利。

9.【正确答案】：BC

【解答】：对于应采用权益法核算的长期股权投资，获取被投资单位已经注册会计师审计的年度财务报表；判断长期投资业务的管理情况属于风险评估程序。

10.【正确答案】：ABD

【解答】：证实长期投资余额的存在性，注册会计师应当实施的审计程序是执行监盘和函证程序，同时董事会的会议记录也是证实重大交易或事项是否发生及重大资产是否存在的重要证据。选项 C 是针对长期股权投资计价的审计程序，所以 C 不正确。

三、判断题

1. 错；2. 错；3. 对；4. 错；5. 对；6. 对；7. 对；8. 错；9. 对；10. 错

四、审计实务题

1. 解答：

该笔借款是雅琪公司因购建固定资产而专门借入的款项，根据企业会计准则规定，其 11、12 月份的借款利息费用符合资本化条件应予以资本化，计入所购建的固定资产价值或成本。而该公司将该笔借款 10、11 和 12 月份的利息支出全部计入财务费用，造成虚减资产、虚增费用、虚减利润和应缴所得税。审计调整分录为：

借：固定资产　　　　　　　　　　　　100 000

　贷：以前年度损益调整　　　　　　　　　100 000

借：以前年度损益调整　　32 500
　贷：应交税费——应交企业所得税　　25 000
　　　盈余公积——法定盈余公积　　7 500
借：利润分配——未分配利润　　67 500
　贷：以前年度损益调整　　67 500

2. 解答：

天格公司应付债券计息、溢（折）价摊销的会计处理不符合企业会计准则的规定，未按实际利率法摊销债券溢价，对符合资本化条件的债券利息费用未予以资本化。

正确的计算是：

当年应付利息 = 1 000 000×6% = 60 000（元）

当年实际利息费用 = 1 100 000×5% = 55 000（元）

其中应计入在建工程成本的金额为 40 000 元。

计入当期财务费用的利息费用 = 55 000−40 000 = 15 000（元）

当年应摊销债券溢价 = 60 000−55 000 = 5 000（元）

审计调整分录为：

借：在建工程　　40 000
　　应付债券——利息调整　　5 000
　贷：以前年度损益调整　　45 000
借：以前年度损益调整　　14 625
　贷：应交税费——应交企业所得税　　11 250
　　　盈余公积——法定盈余公积　　3 375
借：利润分配——未分配利润　　30 375
　贷：以前年度损益调整　　30 375

3. 解答：

根据企业会计准则规定，作为交易性金融资产的股票，在购买时支付的交易费用应记入“投资收益”科目，而不能计入其成本或财务费用；资产负债表日因其市价波动而产生的价值变动，应记入“公允价值变动损益”科目（当然其价值变动而产生的潜在收益或损失不计入应纳税所得额，相应产生递延所得税负债或递延所得税资产），而不是记入“资本公积”科目。对该公司购入股票时应记入“投资收益”借方而错计入财务费用的交易费用，因其对当年的损益不产生影响，故不需再作账务调整，只需对年末市价变动的错误调账分录作出调整。审计调整分录为：

借：资本公积——其他资本公积　　500 000
　贷：以前年度损益调整　　500 000
借：所得税费用——递延所得税　　125 000
　贷：递延所得税负债　　125 000

借：以前年度损益调整　　125 000

　贷：所得税费用　　125 000

借：以前年度损益调整　　37 500

　贷：盈余公积——法定盈余公积　　37 500

借：利润分配——未分配利润　　337 500

　贷：以前年度损益调整　　337 500

4. 解答：

根据企业会计准则规定，XYZ公司长期股权投资占甲公司20%的股权且对被投资企业有重大影响，应采用权益法核算，其长期股权投资的账面价值应随被投资企业净资产的增减变动而调整，并确认为投资收益或投资损失。

（1）XYZ公司购入甲公司股票时，因投资成本29 500 000元低于应享有的甲公司所有者权益份额（公允价值）30 000 000（150 000 000×20%）元的差额500 000元应计入营业外收入。审计调整分录为：

借：资本公积——股本溢价　　500 000

　贷：以前年度损益调整　　500 000

（2）在年末甲公司实现净利润时，应调增长期股权投资账面价值1 200 000（6 000 000×20%）元，并确认实现的投资收益，而XYZ公司仅按甲公司派发的现金股利份额1 000 000（5 000 000×20%）元确认投资收益，少计投资收益200 000元，少计企业所得税50 000（200 000×25%）元。审计调整分录为：

借：长期股权投资——甲公司股票（损益调整）　　200 000

　贷：以前年度损益调整　　200 000

借：以前年度损益调整　　65 000

　贷：应交税费——应交企业所得税　　50 000

　　　盈余公积——法定盈余公积　　15 000

借：以前年度损益调整　　135 000

　贷：利润分配——未分配利润　　135 000

因此XYZ公司2013年年度财务报表中列示的“长期股权投资”项目应为30 200 000元，“投资收益”项目应为1 200 000元，“资本公积”项目应调减500 000元。

模块二　项目七　货币资金审计

一、单项选择题

1.【正确答案】：C

【解答】：证实银行存款的存在认定，必须函证银行存款。

2. 【正确答案】：A

【解答】：银行存款余额调节表就是针对银行对账单余额与银行存款日记账余额不符查找原因的方法。两者不相符可能是由于未达账项或双方记账错误引起的。

3. 【正确答案】：B

【解答】：对银行存款实施函证实现的最基本的目标是真实性。

4. 【正确答案】：C

【解答】：选项 A 可实现存在权利和义务的目标；选项 B 可实现存在的目标；选项 C 可实现完整性的目标；选项 D 是针对截止目标。

5. 【正确答案】：A

【解答】：盘点人员应包括出纳、会计主管人员和注册会计师。被审计单位与库存现金直接相关的人员是出纳员和会计主管人员。因此，被审计单位必须参加盘点的人员是出纳员和会计主管人员。

6. 【正确答案】：A

【解答】：资产负债表日的现金账面余额=盘点日实际监盘数额-资产负债表日至盘点日增加的金额+资产负债表日至盘点日减少的金额。

7. 【正确答案】：D

【解答】：首先，确认 3 月 5 日账实是否相符，3 月 5 日账面应结存数=账面余额+已收现金未记账金额-已付现金未记账金额=2 000+3 000-4 000=1 000（元）。3 月 5 日账实相符，则表明 3 月 4 日实存现金是 2 000 元，则 2009 年 12 月 31 日应结存现金余额=1 000+165 500-165 200=1 300（元）。

8. 【正确答案】：B

【解答】：确认的银行存款日记账余额=585 000+100 000-50 000=635 000（元）。

9. 【正确答案】：D

【解答】：选项 D 后半句错误，因特殊情况需坐支的，应事先报经开户银行审查批准，而不是经被审计单位管理层或治理层的批准。

10. 【正确答案】：B

【解答】：选项 A，由于出纳人员要负责银行存款日记账的登记工作，因此不可以同时从事银行对账单的获取、银行存款余额调节表的编制等工作；选项 C，资产负债表的数额应当以资产负债表日的实有数为准；选项 D，如果现金盘点不是在资产负债表日进行的，注册会计师应将资产负债表日至盘点日的收付金额调整至资产负债表日金额。

二、多项选择题

1. 【正确答案】：ABCD

【解答】：略。

2.【正确答案】：AB

【解答】：略。

3.【正确答案】：AD

【解答】：选项 A 是不正确的，取得银行存款余额调节表后，如果两边金额相等，注册会计师还应当检查调节表中未达账项的真实性，以及资产负债表日后的进账情况，如果存在应于资产负债表日之前进账的应作相应的调整；选项 D 盘点库存现金的范围不包括已领用的备用金。

4.【正确答案】：BCD

【解答】：检查银行存款余额调节表和函证银行存款余额均能证明被审计单位银行存款是否存在。

5.【正确答案】：ABD

【解答】：监盘库存现金不能实现被审计单位的货币资金是否在财务报表中做出恰当披露。

6.【正确答案】：ABC

【解答】：库存现金的盘点应实行突击性盘点，不应将盘点时间与会计主管沟通；库存现金监盘表除出纳员签字外，还应由会计主管、注册会计师签字；注册会计师不应亲自盘点，只负责监盘，由出纳盘点现金。

7.【正确答案】：ABCD

【解答】：略。

8.【正确答案】：ABD

【解答】：选项 A，注册会计师对银行存款的函证，一律采用积极式，不能采用消极式；选项 B，即使企业银行存款账户余额为零，只要存在本期发生额，注册会计师就应进行函证；选项 D 函证不仅可以证实企业银行存款的真实性，而且可以核实企业对银行借款的完整性。

三、判断题

1. 对；2. 错；3. 错；4. 对；5. 错；6. 错；7. 对；8. 错；9. 对；10. 对。

四、简答题

1.【解答】：

（1）乙注册会计师通过向开户银行函证，不仅可以查明 P 公司的银行存款、借款的存在，还可发现企业未登记入账的银行存款、银行借款。

（2）在询证函内指明回函请直接寄往乙注册会计师所在的会计师事务所，或在询证函内附上贴足邮票的以乙注册会计师所在的会计师事务所为回函地址的信封，乙注册会计师直接收回开户银行询证函回函的目的是防止 P 公司截留或更改回函。

(3) 乙注册会计师应检查银行存款余额调节表中未达账项的真实性，以及资产负债表日后的入账情况。

(4) 乙注册会计师索取开户银行2015年1月31日的银行对账单，可以证实列示在银行存款余额调节表上的在途存款和未兑现支票的真实性。

2.【解答】：

现金监盘与存货监盘的区别主要有：

(1) 监盘的主体不同。注册会计师不直接盘点现金；而对存货监盘一般进行实地观察，还要进行一定量的检查。

(2) 监盘的范围不同。注册会计师要参与全部现金监盘，而对存货只进行抽点。

(3) 监盘的内容不同。注册会计师进行现金监盘的内容是现金，而进行存货监盘的内容是存货。

(4) 监盘的程序有所不同。注册会计师进行存货监盘，要进行监盘问卷调查，而进行现金监盘则不需要。

(5) 监盘的时间不同。现金监盘一般在外勤审计过程中进行，而存货监盘一般在资产负债表日前后进行。

(6) 监盘的要求不同。现金监盘要求实施突击性检查，而存货监盘则要求事前通知，召开监盘预备会议。

五、审计实务题

1. 解答：

注册会计师编制的库存现金监盘表，见表2-5。

表2-5 **库存现金监盘表**

检查账目记录			现金盘点记录		
项目	币种	人民币	面额	数量	金额
一、盘点日现金账面余额	1	5 658	100	13	1 300
加：未记账收款金额	2	270	50	8	400
减：未记账付款金额	3	1 500	20	11	220
盘点日账面应有余额	4=1+2−3	4 428	10	28	280
二、盘点日库存现金实有数额	5	2 428	5	41	205
加：白条抵库	6	2 000	1	12	12
盘点日库存现金应有金额	7=5+6	4 428	0.5	17	8.50
三、盘点日账存与实存差异	8=4−7	0	0.1	25	2.50
四、追溯调整			合计		2 428

表2-5(续)

加：报表日至盘点日现金付出数	9	—	存放地点
减：报表日至盘点日现金收入数	10	—	盘点日：2014 年 12 月 31 日
报表日现金实有金额	11=7+9−10	—	盘点人：×××
报表日现金账面余额	12	—	出纳员：×××
报表日账存与实存差异	13=12−11	—	会计主管：×××
情况说明及审计结论： 白条抵库违反规定； 库存现金超限额，未及时送存银行； 收付款项不及时入账。			

2. 解答：

注册会计师编制的银行存款余额调节表，见表 2-6。

表 2-6 银行存款余额调节表

项目	金额（元）	项目	金额（元）
银行存款日记账余额	386 000	银行对账单余额	368 200
加：银行已收而企业未收款项		加：企业已收而银行未收款项	
其中：1. 银行托收到销货款	35 000	其中：1. 企业收到转账支票金额	60 000
2.		2.	
减：银行已付而企业未付款项		减：企业已付而银行未付金额	
其中：1. 银行代付水电费	2 800	其中：1. 企业开出转账支票金额	10 000
2.		2.	
调节后余额	418 200	调节后余额	418 200
经办会计人员：（签字）		会计主管：（签字）	

模块三 项目一 出具审计报告前的准备工作

一、单项选择题

1. B 2. C 3. B

二、多项选择题

1. CD 2. BCD 3. CD

三、审计实务题

1. 解答：

按照每月一次加权平均法计价，该月领用甲材料的成本为：

单位成本 =（500×120+500×130）÷（500+500）= 125（元/吨）

发出材料的成本 = 125×450 = 56 250（元）

该材料为本企业在建工程领用，该工程项目目前尚未完工，应该记入在建工程，工程领用材料，改变了材料的用途，相应的进项税应该转出。

正确的会计分录为：

借：在建工程　　65 812.50

　贷：原材料　　56 250

　　　应交税费——应交增值税（进项税转出）　　9 562.50

然而该企业所记的成本 = 450×130 = 58 500（元），并全部计入生产成本账户。

会计分录为：

借：生产成本　　58 500

　贷：原材料　　58 500

应做调整分录：

借：原材料　　2 250

　贷：生产成本　　2 250

借：在建工程　　65 812.50

　贷：生产成本　　56 250

　　　应交税费——应交增值税（进项税转出）　　9 562.50

2. 解答：

根据要求编制的试算平衡工作底稿，见表 2-7 和表 2-8。

表 2-7　资产负债表试算平衡工作底稿　单位：元

项目	行次	未审数	重分类数	调整数	审定数
流动资产：	1				
货币资金	2	6 500 000		−1 430 000	5 070 000
交易性金融资产	3				
应收票据	5	3 600 000			3 600 000
应收股利	6				
应收利息	7				
应收账款	8	6 500 000	410 285 52 399		6 962 684

表2-7(续)

项目	行次	未审数	重分类数	调整数	审定数
其他应收款	9	450 000	4 806 790 3 073 622		8 330 412
预付账款	10	2 200 000	1 155 572 -143 253		3 212 319
存货	11	16 250 000		-70 350 -1 871 783	14 307 867
一年内到期的非流动资产	12				
其他流动资产	13				
流动资产合计	14	35 500 000			41 483 282
非流动资产：	15				
可供出售金融资产	16				
持有至到期投资	17				
长期应收款	18				
长期股权投资	19	4 500 000		195 977. 16	4 695 977. 16
股权分置流通权	20				
投资性房地产	21				
固定资产原价	22	42 000 000			42 000 000
减：累计折旧	23				
固定资产净额	24				
在建工程	25	4 000 000			4 000 000
工程物资	26				
固定资产清理	27				
无形资产	28	2 500 000			2 500 000
长期待摊费用	29	400 000		-17 937 -868 081	-486 018
递延所得税资产	30				
其他非流动资产	31				
非流动资产总计	32	53 400 000			52 709 959
资产合计	33	88 900 000			94 193 241. 16
流动负债：	34				
短期借款	35	5 000 000			5 000 000
交易性金融负债	36				
应付票据	37	1 600 000		-1 430 000	170 000
应付账款	38	5 400 000	1 155 572		6 555 572
预收账款	39	3 600 000	410 285 52 399		4 062 684

表2-7(续)

项目	行次	未审数	重分类数	调整数	审定数
应付职工薪酬	40	689 300			689 300
其中：应付工资	41				
应付福利费	42				
应交税费	43	532 680			532 680
应付利息	44	77 500		-75 127	2 373
应付股利	45				
其他应付款	46	3 938 703	4 806 790 3 073 622		11 819 115
一年内到期的非流动负债	47			373 300	373 300
其他流动负债	48				
流动负债合计	49	20 838 183			29 205 024
非流动负债：	50				
长期借款	51	15 000 000	20 196 -190 000 -183 300		14 646 896
应付债券	52				
长期应付款	53				
专项应付款	54				
预计负债	55				
递延所得税负债	56				
其他非流动负债	57				
非流动负债合计	58	15 000 000			14 646 896
负债合计	59	35 838 183			43 851 920
所有者权益：	60				
实收资本	61	30 000 000			30 000 000
资本公积	62				
盈余公积	63	5 275 169			5 275 169
未分配利润	64	17 786 648		-2 720 496. 84	15 066 151. 16
所有者权益合计	65	53 061 817			50 341 321. 16
负债及所有者权益合计	66	88 900 000			94 193 241. 16

表 2-8 **利润表试算平衡工作底稿** 单位：元

项目名称	行次	未审数	调整数	审定数
一、营业收入	1	65 000 000		65 000 000
减：营业成本	2	45 500 000	1 871 783	47 371 783

表2-8(续)

项目名称	行次	未审数	调整数	审定数
销售费用	3	4 875 569. 82		4 875 569. 82
管理费用	7	8 764 479. 28	1 099 621	9 864 100. 28
财务费用	8	1 198 000	-54 931	1 143 069
加：投资收益	9	200 000	195 977. 16	395 977. 16
三、营业利润	10	4 861 950. 9	-2 720 495. 84	2 141 455. 06
加：营业外收入	13	180 000		180 000
减：营业外支出	14	300 000		300 000
四、利润总额	16	4 741 950. 9	-2 720 495. 84	2 021 455. 06
减：所得税费用	17	1 185 487. 725	-680 123. 96	505 363. 765
五、净利润	18	3 556 463. 175	-2 040 371. 88	1 516 091. 295

模块三　项目二　如何出具审计报告

一、单项选择题

1. D　2. B　3. A

二、多项选择题

1. ACD　2. ABCD　3. AD

三、审计实务题

1. 解答：

楼兰工作底稿中的第一到第三个事项不需要列入审计报告中。第四个事项需要在工作底稿中予以说明。

（1）会计政策不应随意变更，但如果变更会计政策能够更公允地反映被审计单位的会计信息时则应变更，同时应在财务报表附注中对该项变更的性质和影响作出说明。为了保证会计信息的可比性，应在比较财务报表中追溯调整前几个年度的会计数据。如果被审计单位做到了以上几点，便不必在审计报告中反映。

（2）如果不能够执行某项审计程序，注册会计师应执行替代程序，但不可以降低审计证据的数量和质量。如果做到了这一点，注册会计师依然可以发表审计意见。

（3）对极可能发生且金额可以估计的或有损失应预计入账。

如果难以预料或有损失发生的可能性，就应该在报表附注中对或有损失的性质和结果作出披露。

（4）对未来股利发放的限制性规定会影响到天山公司股东及潜在投资者的决策，天山公司应该对这一限制性规定作出披露。天山公司拒绝作出披露，楼兰应该在审计报告中予以说明。

楼兰的审计报告中缺少：

（1）标题“审计报告”和收件人“天山公司全体股东”（审计业务的委托人）。

（2）缺少管理层对财务报表的责任和注册会计师审计责任的说明。

（3）“我们相信，我们的审计意见为信赖上述会计报表提供了合理的保证。”一句可以省略。

（4）注册会计师的审计应按照中国注册会计师审计准则进行，而财务报告编报应该符合规定的编制基础，如《企业会计准则》等。

（5）在审计报告中应当将发放股利的限制性规定作为强调事项，可以发表带强调事项段的无保留意见审计报告。

（6）“会计处理方法的选用遵循了一贯性原则”可以省略。

（7）审计报告中还应注明会计师事务所的地址并加盖公章。

（8）审计报告的日期应该是外勤工作结束日，即 2014 年 2 月 24 日。

（9）中国注册会计师签名并盖章应有两名。

修改后的审计报告略。

2. 解答：

（1）应发表无法表示意见的审计报告。因为审计人员难以获得 2013 年年度的手工账簿资料，而且这些资料又非常重要，审计工作受到较大限制，无法收集到必要的审计证据。

（2）审计报告格式内容如下：

审计报告

宏达建筑材料有限公司全体股东：

我们接受委托，对后附的宏达建筑材料股份有限公司（以下简称宏达公司）2013 年 12 月 31 日资产负债表以及 2013 年年度的利润表和现金流量表进行审计。这些会计报表的编制是宏达公司管理当局的责任。

宏达公司部分会计资料因遭受水灾而毁损，使会计记录缺乏系统性和完整性，导致我们无法实施适当的审计程序，获得充分适当的审计证据。

由于前段所述原因，我们无法获得必要的审计证据，因此，我们无法对上述会计报表发表意见。

正则会计师事务所有限公司　　中国注册会计师：×××（签名并盖章）
（公章）　　中国注册会计师：×××（签名并盖章）
中国XX市　　2014年2月10日

3. 解答：

对于第一种情况，由于注册会计师对于存货的审计范围受到客户人为的限制，无法获取充分适当的审计证据。注册会计师可视存货可能高估的金额大小发表保留意见或者无法表示意见的审计报告。

对于第二种情况，由于乌苏公司从来没有经过审计，所以注册会计师有必要对资产负债表的期初余额进行适当的审计。现在乌苏公司不同意注册会计师对其期初余额进行审计，也即人为限定了注册会计师的审计范围。注册会计师可视期初余额对本期财务报表的影响大小发表保留意见或无法表示意见的审计报告。

第三种情况。通常存货的盘点应该在会计年度结束日前几天进行。如果无法在会计年度结束日之前对存货进行盘点，注册会计师应设法执行替代程序，如在会计年度结束日之后盘点存货，并调整会计年度结束日之后到盘点日之间的存货收发业务，借以推断资产负债表日存货的余额。如果注册会计师对执行替代程序所获得的审计证据表示满意，应该发表无保留意见的审计报告。

第四种情况。博乐公司的一家主要购货商在会计年度结束后大约四个星期破产，显然，导致破产的原因在会计年度结束之前就已存在了。宣告破产为博乐公司坏账准备的计提提供了补充证据。它说明博乐公司资产负债表日的坏账准备余额是不充足的。

注册会计师应提请博乐公司增加坏账准备的余额。现在博乐公司拒绝作出调整，注册会计师可根据坏账准备的重要性水平发表保留意见或者否定意见的审计报告。

第五种情况。叶城公司的经营政策发生了变更，原来对固定资产的会计处理方法显然已不能够适应新的经营环境。叶城公司的相应会计政策应该作出变更并在报表附注中对会计政策变更的性质和影响作出说明。因此注册会计师应该发表无保留意见的审计报告。

4. 解答：

（1）因为是年度会计报表审计，不要求企业每年提供三年比较会计报表。因此，这项内容不影响审计报告的表述。

（2）按企业会计准则和会计制度的规定，现金流量表应对外报送并公布，该公司不愿公布该表，我们认为将影响会计报表的全面反映，对此应在审计报告中持保留意见。

（3）按会计制度规定，企业变更会计政策，不需要财政部门的批准，只要符合变更条件并经企业最高管理当局批准即可，并应在会计报表附注中进行充分说明。因此，可签发标准无保留意见审计报告。

（4）产成品余额多计10 000元，影响了被审计年度的利润，对于这一未调整事项，考虑重要性水平，如判断为属重大错报，则应持保留意见；若属非重大错报，可以签发无保留意见的审计报告。

（5）变更产成品计价方法未在会计报表附注中说明变更的理由、性质及影响，不符合会计准则规定，应持保留意见。

（6）为执行其他审计程序对应收账款余额进行了验证，因此，不影响审计意见。

（7）公司较长时期不能支付现金股利，对公司股东和债权人利益均有影响，该公司不愿披露，属于信息披露不充分，对此应签发保留意见报告。

第三部分　审计基本技能模拟实训设计

为有效培养学生的审计职业谨慎态度和职业怀疑思维，增强学生的审计职业技能，提高审计模拟实训课教学效果，教学团队的全体教师应当至少提前 4 周进行实训教学设计，并经相关教研室或系部相关部门研究审定后实施。本书主编建议的审计基本技能模拟实训设计包括审计基本技能模拟实训计划、建议提前打印的表格和审计基本技能实训成绩评分标准三项。其中，所需表格单独编号，排序为：表 1~表 7。

一、审计基本技能模拟实训计划（见表 3-1）

表 3-1　　审计基本技能模拟实训计划表

实训课程	审计基本技能	实训班级	
实训学时		实训地点	
指导教师		协作教师	
实训目标	通过本次实训，希望使得学生掌握如下审计基本技能： 1. 培养审计人员职业谨慎态度； 2. 培养审计人员的职业怀疑思维； 3. 学会运用审计的基本方法； 4. 掌握审计工作的基本程序； 5. 能够计划审计工作；（确定总体审计策略和编制具体审计计划） 6. 能够实施恰当的审计程序，收集审计证据； 7. 能够根据收集的审计证据，作出恰当审计结论，发表审计意见，出具审计报告。		

表 3-1（续）

<table>
<tr><td>实训项目及学时分配</td><td colspan="3">一、实训前的准备工作
1. 将全班　位学生分为　组，要求每组推举出 1 名同学做审计项目负责人。
2. 指导教师应当提前准备某公司某年度的模拟会计凭证、会计账簿和会计报表共　套，提前发给　个学生模拟审计小组，放置（或配置）于　实训室。（可以利用学生校内会计模拟实训生成的会计资料，也可以使用从市场购买的审计模拟教学软件中的会计资料）
3. 提前印制好通用审计工作底稿等相关表格，连同若干张空白 A4 纸发给每个实训小组。
4. 提前将学生实训项目和实训成果清单打印，发给各个实训小组。
二、实训项目
项目一　训练审计的基本方法（　学时）
1. 训练对原始凭证、记账凭证、明细账、日记账、总账和会计报表的审阅；（　学时）
2. 训练证证核对、证账核对、账账核对、账表核对、表表核对；（　学时）
3. 训练验算法：验算某种原材料的期末余额，验算固定资产折旧计提数；验算某种产品的完工产品成本和在产品成本；（　学时）
4. 分析法训练：比较分析法和比率分析法的训练；（　学时）
5. 函证方法的训练，确定函证对象，撰写询证函；（　学时）
6. 逆查法、抽查法的训练。（　学时）
项目二　训练如何计划审计工作（　学时）
1. 训练了解被审计单位的基本情况，编写被审计单位的概况表；（ 学时）
2. 训练撰写审计业务约定书；（ 学时）
3. 训练评估重大错报风险领域；（ 学时）
4. 训练确定审计的重要性水平；（ 学时）
5. 训练确定总体审计策略，填写总体审计策略表；（ 学时）
6. 训练确定具体审计计划，填写具体审计计划表。（ 学时）
项目三　训练如何实施审计工作（　学时）
1. 审查销售与收款业务，训练搜集审计证据，编写审计工作底稿；（　学时）
2. 审查采购与付款业务，训练搜集审计证据，编写审计工作底稿；（　学时）
3. 审查货币资金业务，训练搜集审计证据，编写审计工作底稿；（　学时）
……（其他将在注册会计师审计实务中实训）
项目四　训练如何确定审计意见类型并出具审计报告（　学时）
1. 训练整理审计证据，做出评价结论；（　学时）
2. 训练出具审计报告，撰写审计报告。（　学时）
三、学生提交实训成果清单
审计模拟实训结束时，每个模拟审计小组必须提交如下实训成果一套给指导老师，以便评定实训成绩。
1. 依据被审计单位应收账款明细账的实际情况，编写一份应收账款明细表，并代会计事务所撰写应收账款询证函两份；（肯定式和否定式各一份）
2. 依据对被审计单位的初步了解编制被审计单位基本概况表一份
3. 依据会计师事务所与被审计单位初步商谈情况，编写审计业务约定书一份；
4. 依据对被审计单位的初步了解和重大错报风险评估结果，编制对某公司年度财务报表审计的总体审计策略和具体审计计划各一份；
5. 根据对某公司财务报表审计过程中发现的问题，编写审计工作底稿若干份（每组不少于 3 份）；
6. 根据对被审计单位财务报表的审计结果，代会计师事务所出具某种意见类型的审计报告一份。</td></tr>
<tr><td rowspan="2">资料印制</td><td colspan="3">是否印制实训资料：
资料印制标准按照：　分组数
（备注：每种资料分别印制　份。其中，学生每组　份，指导教师　份）</td></tr>
<tr><td colspan="3">分组数：　学生人数：</td></tr>
<tr><td>教研室初审意见</td><td></td><td>系部审核意见</td><td></td></tr>
</table>

二、建议提前打印的表格

1. 学生审计实训成果封面（表3-2）

表3-2　　学生审计实训成果封面

学院名称	
系部名称：	
专业名称	专科
层次	
实训班级：	
实训项目名称	审计基本技能
模拟审计组负责人	
小组成员：	
实训时间：	年　月　日

2. 审计基本技能实训项目及实训成果清单（表3-3，建议提前发给学生）

表3-3　　审计基本技能实训项目及实训成果清单

一、实训项目

项目一　训练审计的基本方法

1. 训练对原始凭证、记账凭证、明细账、日记账、总账和会计报表的审阅；
2. 训练证证核对、证账核对、账账核对、账表核对、表表核对；
3. 训练验算法：验算某种原材料的期末余额，验算固定资产折旧计提数；验算某种产品的完工产品成本和在产品成本；
4. 分析法训练：比较分析法和比率分析法的训练；
5. 函证方法的训练，确定函证对象，撰写询证函；
6. 逆查法和抽查法的训练。

项目二　训练如何计划审计工作

1. 训练了解被审计单位及其环境，编写被审计单位的概况表；
2. 训练撰写审计业务约定书；
3. 训练评估财务报表的重大错报风险；
4. 训练确定财务报表层次和交易或账户余额层次的重要性水平；
5. 训练确定总体审计策略，填写总体审计策略表；
6. 训练编制具体审计计划，填写具体审计计划表。

项目三　训练如何实施审计工作

1. 审查销售与收款业务，训练审计证据收集和审计工作底稿的编制；
2. 审查采购与付款业务，训练审计证据的收集和审计工作底稿的编制；
3. 审查货币资金业务，训练审计证据的收集和审计工作底稿的编制；

……

项目四　训练如何确定审计意见类型并出具审计报告

1. 训练整理审计证据，作出评价结论；
2. 训练复核审计工作底稿，提出复核意见；
3. 训练确定审计意见类型，撰写审计报告。

表 3-3（续）

<table>
<tr><td>
二、学生实训成果清单
模拟实训结束时，每个模拟审计小组必须提交如下实训成果一套给指导老师，以便评定实训成绩。
1. 依据被审计单位应收账款的实际情况，编写应收账款明细表一份，并代会计事务所撰写询证函两份；（肯定式和否定式各一份）
2. 依据对被审计单位的初步了解编制被审计单位基本概况表一份；
3. 依据会计师事务所与被审计单位初步商谈情况编写审计业务约定书一份；
4. 依据对被审计单位的初步了解和重大错报风险评估结果，编制对某公司年度财务报表审计的总体审计策略和具体审计计划各一份；
5. 根据对某公司财务报表审计过程中发现的问题，编写审计工作底稿若干份；（每组不少于 3 份）
6. 根据对被审计单位财务报表的审计结果，代会计师事务所出具审计报告 1 份。
</td></tr>
</table>

3. 通用格式的审计工作底稿（表 3-4，仅供参考）

表 3-4　　＿＿＿＿＿会计师事务所 审计工作底稿

索引号：　　编号：　　共　页　第　页

<table>
<tr><td>被审计单位名称</td><td colspan="5"></td></tr>
<tr><td>审计项目</td><td colspan="5"></td></tr>
<tr><td>被审计时点或期间</td><td colspan="5"></td></tr>
<tr><td>审
计
过
程</td><td colspan="5"></td></tr>
<tr><td>审
计
结
论</td><td colspan="5"></td></tr>
<tr><td>编制人</td><td>编制日期</td><td colspan="4">年　月　日</td></tr>
<tr><td>项目组内部复核意见</td><td></td><td>复
核
人</td><td></td><td>日
期</td><td></td></tr>
<tr><td>质量控制复核人
的复核意见</td><td></td><td>复
核
人</td><td></td><td>日
期</td><td></td></tr>
</table>

4. 具体审计计划（表 3-5）

表 3-5　　　　　　　　　　　　**具体审计计划**

编制单位：

被审计单位名称			
被审计财务报表的日期及期间			
编制人			
编制日期			
复核人		复核意见	
项目质量控制复核人		复核意见	
内容			
一、风险评估程序			
二、计划实施的进一步审计程序			
三、计划实施的其他审计程序			

5. 总体审计策略表（表3-6）

表3-6 ＿＿＿＿＿＿会计师事务所

对 公司 年度财务报表审计的总体审计策略表

被审计单位名称		
审计业务 （审计项目及目标描述）		
编制日期		
一、审计范围		
1. 适用的财务报告准则		
2. 适用的审计准则		
3. 与财务报告相关的行业特别规定		
4. 需要审计的集团内部组成部分的数量及所在地点		
5. 需要阅读的含有已审计财务报表的其他信息		
二、本次审计的重要性水平确定及审计方向		
1. 确定方法		
2. 依据的审计准则		
3. 会计报表层次和账户余额层次的重要性水平		
4. 审计方向（重大错报风险领域）		
三、报告目标、时间安排及所需沟通		
1. 报告目标		
2. 执行审计的时间安排		
3. 所需沟通		
（1）与管理层和治理层的沟通		
（2）项目组预备会、总结会		
（3）与专家或有关人士的沟通		
（4）与前任注册会计师的沟通		
……		
四、审计资源配置		
1. 项目组成员及工作职责		
职务	姓名	工作职责

表3-6（续）

2. 对专家及有关人士工作的利用		
（1）对内部审计工作的利用		
（2）对前任注册会计师工作的利用		
（3）对专家工作的利用		

三、审计基本技能实训成绩评分标准

审计基本技能实训成绩评分标准见表3-7。

表3-7　　学生审计基本技能实训评分表

评分项目	评价标准	标准分
询证函2份	1. 选择的函证对象恰当 2. 确定的函证方式合理 3. 两种询证函的格式正确 4. 表达清楚，措辞正确	10
被审计单位基本概况表	1. 表格设计合理，形式美观 2. 对被审计单位的基本情况填列完整 3. 表达清晰，准确	10
审计业务约定书	1. 格式正确，要素完整 2. 对约定事项的表述清楚流畅 3. 字迹工整美观	10
总体审计策略	1. 审计范围项下的要素填列齐全 2. 能够体现出审计重要性的确定步骤 3. 有重大错报风险的评估思路，审计方向明确 4. 审计资源分配合理，表述清楚 5. 字迹工整美观	20
具体审计计划	1. 对风险评估程序的表述简明扼要 2. 清楚表述“针对评估的重大错报风险领域，提出的进一步审计程序” 3. 字迹工整美观	30
审计工作底稿	1. 对工作底稿的要素填列齐全、规范 2. 对审计过程的记录能够突出重点 3. 对审计证据的描述恰当 4. 审计结论恰当，表述简洁 5. 复核意见表述明确，措辞恰当	10
审计报告	1. 恰当确定审计意见类型 2. 报告的格式正确、内容规范 3. 报告的字迹工整美观	10
合计		100

第四部分　重要审计准则选编

一、中华人民共和国国家审计准则

第一章　总　则

第一条　为了规范和指导审计机关和审计人员执行审计业务的行为，保证审计质量，防范审计风险，发挥审计保障国家经济和社会健康运行的“免疫系统”功能，根据《中华人民共和国审计法》《中华人民共和国审计法实施条例》和其他有关法律法规，制定本准则。

第二条　本准则是审计机关和审计人员履行法定审计职责的行为规范，是执行审计业务的职业标准，是评价审计质量的基本尺度。

第三条　本准则中使用“应当”“不得”词汇的条款为约束性条款，是审计机关和审计人员执行审计业务必须遵守的职业要求。

本准则中使用“可以”词汇的条款为指导性条款，是对良好审计实务的推介。

第四条　审计机关和审计人员执行审计业务，应当适用本准则。其他组织或者人员接受审计机关的委托、聘用，承办或者参加审计业务，也应当适用本准则。

第五条　审计机关和审计人员执行审计业务，应当区分被审计单位的责任和审计机关的责任。

在财政收支、财务收支以及有关经济活动中，履行法定职责、遵守相关法律法规、建立并实施内部控制、按照有关会计准则和会计制度编报财务会计报告、保持财务会计资料的真实性和完整性，是被审计单位的责任。

依据法律法规和本准则的规定，对被审计单位财政收支、财务收支以及有关经济活动独立实施审计并作出审计结论，是审计机关的责任。

第六条 审计机关的主要工作目标是通过监督被审计单位财政收支、财务收支以及有关经济活动的真实性、合法性、效益性，维护国家经济安全，推进民主法治，促进廉政建设，保障国家经济和社会健康发展。

真实性是指反映财政收支、财务收支以及有关经济活动的信息与实际情况相符合的程度。

合法性是指财政收支、财务收支以及有关经济活动遵守法律、法规或者规章的情况。

效益性是指财政收支、财务收支以及有关经济活动实现的经济效益、社会效益和环境效益。

第七条 审计机关对依法属于审计机关审计监督对象的单位、项目、资金进行审计。

审计机关按照国家有关规定，对依法属于审计机关审计监督对象的单位的主要负责人经济责任进行审计。

第八条 审计机关依法对预算管理或者国有资产管理使用等与国家财政收支有关的特定事项向有关地方、部门、单位进行专项审计调查。

审计机关进行专项审计调查时，也应当适用本准则。

第九条 审计机关和审计人员执行审计业务，应当依据年度审计项目计划，编制审计实施方案，获取审计证据，作出审计结论。

审计机关应当委派具备相应资格和能力的审计人员承办审计业务，并建立和执行审计质量控制制度。

第十条 审计机关依据法律法规规定，公开履行职责的情况及其结果，接受社会公众的监督。

第十一条 审计机关和审计人员未遵守本准则约束性条款的，应当说明原因。

第二章 审计机关和审计人员

第十二条 审计机关和审计人员执行审计业务，应当具备本准则规定的资格条件和职业要求。

第十三条 审计机关执行审计业务，应当具备下列资格条件：

（一）符合法定的审计职责和权限；

（二）有职业胜任能力的审计人员；

（三）建立适当的审计质量控制制度；

（四）必需的经费和其他工作条件。

第十四条 审计人员执行审计业务，应当具备下列职业要求：

（一）遵守法律法规和本准则；

（二）恪守审计职业道德；

（三）保持应有的审计独立性；

（四）具备必需的职业胜任能力；

（五）其他职业要求。

第十五条　审计人员应当恪守严格依法、正直坦诚、客观公正、勤勉尽责、保守秘密的基本审计职业道德。

严格依法就是审计人员应当严格依照法定的审计职责、权限和程序进行审计监督，规范审计行为。

正直坦诚就是审计人员应当坚持原则，不屈从于外部压力；不歪曲事实，不隐瞒审计发现的问题；廉洁自律，不利用职权谋取私利；维护国家利益和公共利益。

客观公正就是审计人员应当保持客观公正的立场和态度，以适当、充分的审计证据支持审计结论，实事求是地作出审计评价和处理审计发现的问题。

勤勉尽责就是审计人员应当爱岗敬业，勤勉高效，严谨细致，认真履行审计职责，保证审计工作质量。

保守秘密就是审计人员应当保守其在执行审计业务中知悉的国家秘密、商业秘密；对于执行审计业务取得的资料、形成的审计记录和掌握的相关情况，未经批准不得对外提供和披露，不得用于与审计工作无关的目的。

第十六条　审计人员执行审计业务时，应当保持应有的审计独立性，遇有下列可能损害审计独立性情形的，应当向审计机关报告：

（一）与被审计单位负责人或者有关主管人员有夫妻关系、直系血亲关系、三代以内旁系血亲以及近姻亲关系；

（二）与被审计单位或者审计事项有直接经济利益关系；

（三）对曾经管理或者直接办理过的相关业务进行审计；

（四）可能损害审计独立性的其他情形。

第十七条　审计人员不得参加影响审计独立性的活动，不得参与被审计单位的管理活动。

第十八条　审计机关组成审计组时，应当了解审计组成员可能损害审计独立性的情形，并根据具体情况采取下列措施，避免损害审计独立性：

（一）依法要求相关审计人员回避；

（二）对相关审计人员执行具体审计业务的范围作出限制；

（三）对相关审计人员的工作追加必要的复核程序；

（四）其他措施。

第十九条　审计机关应当建立审计人员交流等制度，避免审计人员因执行审计业务长期与同一被审计单位接触可能对审计独立性造成的损害。

第二十条　审计机关可以聘请外部人员参加审计业务或者提供技术支持、专业咨询、专业鉴定。

审计机关聘请的外部人员应当具备本准则第十四条规定的职业要求。

第二十一条　有下列情形之一的外部人员，审计机关不得聘请：

（一）被刑事处罚的；

（二）被劳动教养的；

（三）被行政拘留的；

（四）审计独立性可能受到损害的；

（五）法律规定不得从事公务的其他情形。

第二十二条　审计人员应当具备与其从事审计业务相适应的专业知识、职业能力和工作经验。

审计机关应当建立和实施审计人员录用、继续教育、培训、业绩评价考核和奖惩激励制度，确保审计人员具有与其从事业务相适应的职业胜任能力。

第二十三条　审计机关应当合理配备审计人员，组成审计组，确保其在整体上具备与审计项目相适应的职业胜任能力。

被审计单位的信息技术对实现审计目标有重大影响的，审计组的整体胜任能力应当包括信息技术方面的胜任能力。

第二十四条　审计人员执行审计业务时，应当合理运用职业判断，保持职业谨慎，对被审计单位可能存在的重要问题保持警觉，并审慎评价所获取审计证据的适当性和充分性，得出恰当的审计结论。

第二十五条　审计人员执行审计业务时，应当从下列方面保持与被审计单位的工作关系：

（一）与被审计单位沟通并听取其意见；

（二）客观公正地作出审计结论，尊重并维护被审计单位的合法权益；

（三）严格执行审计纪律；

（四）坚持文明审计，保持良好的职业形象。

第三章　审计计划

第二十六条　审计机关应当根据法定的审计职责和审计管辖范围，编制年度审计项目计划。

编制年度审计项目计划应当服务大局，围绕政府工作中心，突出审计工作重点，合理安排审计资源，防止不必要的重复审计。

第二十七条　审计机关按照下列步骤编制年度审计项目计划：

（一）调查审计需求，初步选择审计项目；

（二）对初选审计项目进行可行性研究，确定备选审计项目及其优先顺序；

（三）评估审计机关可用审计资源，确定审计项目，编制年度审计项目计划。

第二十八条　审计机关从下列方面调查审计需求，初步选择审计项目：

（一）国家和地区财政收支、财务收支以及有关经济活动情况；

（二）政府工作中心；

（三）本级政府行政首长和相关领导机关对审计工作的要求；

（四）上级审计机关安排或者授权审计的事项；

（五）有关部门委托或者提请审计机关审计的事项；

（六）群众举报、公众关注的事项；

（七）经分析相关数据认为应当列入审计的事项；

（八）其他方面的需求。

第二十九条　审计机关对初选审计项目进行可行性研究，确定初选审计项目的审计目标、审计范围、审计重点和其他重要事项。

进行可行性研究重点调查研究下列内容：

（一）与确定和实施审计项目相关的法律法规和政策；

（二）管理体制、组织结构、主要业务及其开展情况；

（三）财政收支、财务收支状况及结果；

（四）相关的信息系统及其电子数据情况；

（五）管理和监督机构的监督检查情况及结果；

（六）以前年度审计情况；

（七）其他相关内容。

第三十条　审计机关在调查审计需求和可行性研究过程中，从下列方面对初选审计项目进行评估，以确定备选审计项目及其优先顺序：

（一）项目重要程度，评估在国家经济和社会发展中的重要性、政府行政首长和相关领导机关及公众关注程度、资金和资产规模等；

（二）项目风险水平，评估项目规模、管理和控制状况等；

（三）审计预期效果；

（四）审计频率和覆盖面；

（五）项目对审计资源的要求。

第三十一条　年度审计项目计划应当按照审计机关规定的程序审定。审计机关在审定年度审计项目计划前，根据需要，可以组织专家进行论证。

第三十二条　下列审计项目应当作为必选审计项目：

（一）法律法规规定每年应当审计的项目；

（二）本级政府行政首长和相关领导机关要求审计的项目；

（三）上级审计机关安排或者授权的审计项目。

审计机关对必选审计项目，可以不进行可行性研究。

第三十三条　上级审计机关直接审计下级审计机关审计管辖范围内的重大审计事项，应当列入上级审计机关年度审计项目计划，并及时通知下级审计机关。

第三十四条　上级审计机关可以依法将其审计管辖范围内的审计事项，授权下级审计机关进行审计。对于上级审计机关审计管辖范围内的审计事项，下级审计机关也可以提出授权申请，报有管辖权的上级审计机关审批。

获得授权的审计机关应当将授权的审计事项列入年度审计项目计划。

第三十五条 根据中国政府及其机构与国际组织、外国政府及其机构签订的协议和上级审计机关的要求，审计机关确定对国际组织、外国政府及其机构援助、贷款项目进行审计的，应当纳入年度审计项目计划。

第三十六条 对于预算管理或者国有资产管理使用等与国家财政收支有关的特定事项，符合下列情形的，可以进行专项审计调查：

（一）涉及宏观性、普遍性、政策性或者体制、机制问题的；

（二）事项跨行业、跨地区、跨单位的；

（三）事项涉及大量非财务数据的；

（四）其他适宜进行专项审计调查的。

第三十七条 审计机关年度审计项目计划的内容主要包括：

（一）审计项目名称；

（二）审计目标，即实施审计项目预期要完成的任务和结果；

（三）审计范围，即审计项目涉及的具体单位、事项和所属期间；

（四）审计重点；

（五）审计项目组织和实施单位；

（六）审计资源。

采取跟踪审计方式实施的审计项目，年度审计项目计划应当列明跟踪的具体方式和要求。

专项审计调查项目的年度审计项目计划应当列明专项审计调查的要求。

第三十八条 审计机关编制年度审计项目计划可以采取文字、表格或者两者相结合的形式。

第三十九条 审计机关计划管理部门与业务部门或者派出机构，应当建立经常性的沟通和协调机制。

调查审计需求、进行可行性研究和确定备选审计项目，以业务部门或者派出机构为主实施；备选审计项目排序、配置审计资源和编制年度审计项目计划草案，以计划管理部门为主实施。

第四十条 审计机关根据项目评估结果，确定年度审计项目计划。

第四十一条 审计机关应当将年度审计项目计划报经本级政府行政首长批准并向上一级审计机关报告。

第四十二条 审计机关应当对确定的审计项目配置必要的审计人力资源、审计时间、审计技术装备、审计经费等审计资源。

第四十三条 审计机关同一年度内对同一被审计单位实施不同的审计项目，应当在人员和时间安排上进行协调，尽量避免给被审计单位工作带来不必要的影响。

第四十四条 审计机关应当将年度审计项目计划下达审计项目组织和实施单位执行。

年度审计项目计划一经下达，审计项目组织和实施单位应当确保完成，不得擅自变更。

第四十五条　年度审计项目计划执行过程中，遇有下列情形之一的，应当按照原审批程序调整：

（一）本级政府行政首长和相关领导机关临时交办审计项目的；

（二）上级审计机关临时安排或者授权审计项目的；

（三）突发重大公共事件需要进行审计的；

（四）原定审计项目的被审计单位发生重大变化，导致原计划无法实施的；

（五）需要更换审计项目实施单位的；

（六）审计目标、审计范围等发生重大变化需要调整的；

（七）需要调整的其他情形。

第四十六条　上级审计机关应当指导下级审计机关编制年度审计项目计划，提出下级审计机关重点审计领域或者审计项目安排的指导意见。

第四十七条　年度审计项目计划确定审计机关统一组织多个审计组共同实施一个审计项目或者分别实施同一类审计项目的，审计机关业务部门应当编制审计工作方案。

第四十八条　审计机关业务部门编制审计工作方案，应当根据年度审计项目计划形成过程中调查审计需求、进行可行性研究的情况，开展进一步调查，对审计目标、范围、重点和项目组织实施等进行确定。

第四十九条　审计工作方案的内容主要包括：

（一）审计目标；

（二）审计范围；

（三）审计内容和重点；

（四）审计工作组织安排；

（五）审计工作要求。

第五十条　审计机关业务部门编制的审计工作方案应当按照审计机关规定的程序审批。在年度审计项目计划确定的实施审计起始时间之前，下达到审计项目实施单位。

审计机关批准审计工作方案前，根据需要，可以组织专家进行论证。

第五十一条　审计机关业务部门根据审计实施过程中情况的变化，可以申请对审计工作方案的内容进行调整，并按审计机关规定的程序报批。

第五十二条　审计机关应当定期检查年度审计项目计划执行情况，评估执行效果。

审计项目实施单位应当向下达审计项目计划的审计机关报告计划执行情况。

第五十三条　审计机关应当按照国家有关规定，建立和实施审计项目计划执行情况及其结果的统计制度。

第四章　审计实施

第一节　审计实施方案

第五十四条　审计机关应当在实施项目审计前组成审计组。

审计组由审计组组长和其他成员组成。审计组实行审计组组长负责制。审计组组长由审计机关确定，审计组组长可以根据需要在审计组成员中确定主审，主审应当履行其规定职责和审计组组长委托履行的其他职责。

第五十五条　审计机关应当依照法律法规的规定，向被审计单位送达审计通知书。

第五十六条　审计通知书的内容主要包括被审计单位名称、审计依据、审计范围、审计起始时间、审计组组长及其他成员名单和被审计单位配合审计工作的要求。同时，还应当向被审计单位告知审计组的审计纪律要求。

采取跟踪审计方式实施审计的，审计通知书应当列明跟踪审计的具体方式和要求。

专项审计调查项目的审计通知书应当列明专项审计调查的要求。

第五十七条　审计组应当调查了解被审计单位及其相关情况，评估被审计单位存在重要问题的可能性，确定审计应对措施，编制审计实施方案。

对于审计机关已经下达审计工作方案的，审计组应当按照审计工作方案的要求编制审计实施方案。

第五十八条　审计实施方案的内容主要包括：

（一）审计目标；

（二）审计范围；

（三）审计内容、重点及审计措施，包括审计事项和根据本准则第七十三条确定的审计应对措施；

（四）审计工作要求，包括项目审计进度安排、审计组内部重要管理事项及职责分工等。

采取跟踪审计方式实施审计的，审计实施方案应当对整个跟踪审计工作作出统筹安排。

专项审计调查项目的审计实施方案应当列明专项审计调查的要求。

第五十九条　审计组调查了解被审计单位及其相关情况，为作出下列职业判断提供基础：

（一）确定职业判断适用的标准；

（二）判断可能存在的问题；

（三）判断问题的重要性；

（四）确定审计应对措施。

第六十条　审计人员可以从下列方面调查了解被审计单位及其相关情况：

（一）单位性质、组织结构；

（二）职责范围或者经营范围、业务活动及其目标；

（三）相关法律法规、政策及其执行情况；

（四）财政财务管理体制和业务管理体制；

（五）适用的业绩指标体系以及业绩评价情况；

（六）相关内部控制及其执行情况；

（七）相关信息系统及其电子数据情况；

（八）经济环境、行业状况及其他外部因素；

（九）以往接受审计和监管及其整改情况；

（十）需要了解的其他情况。

第六十一条　审计人员可以从下列方面调查了解被审计单位相关内部控制及其执行情况：

（一）控制环境，即管理模式、组织结构、责权配置、人力资源制度等；

（二）风险评估，即被审计单位确定、分析与实现内部控制目标相关的风险，以及采取的应对措施；

（三）控制活动，即根据风险评估结果采取的控制措施，包括不相容职务分离控制、授权审批控制、资产保护控制、预算控制、业绩分析和绩效考评控制等；

（四）信息与沟通，即收集、处理、传递与内部控制相关的信息，并能有效沟通的情况；

（五）对控制的监督，即对各项内部控制设计、职责及其履行情况的监督检查。

第六十二条　审计人员可以从下列方面调查了解被审计单位信息系统控制情况：

（一）一般控制，即保障信息系统正常运行的稳定性、有效性、安全性等方面的控制；

（二）应用控制，即保障信息系统产生的数据的真实性、完整性、可靠性等方面的控制。

第六十三条　审计人员可以采取下列方法调查了解被审计单位及其相关情况：

（一）书面或者口头询问被审计单位内部和外部相关人员；

（二）检查有关文件、报告、内部管理手册、信息系统的技术文档和操作手册；

（三）观察有关业务活动及其场所、设施和有关内部控制的执行情况；

（四）追踪有关业务的处理过程；

（五）分析相关数据。

第六十四条　审计人员根据审计目标和被审计单位的实际情况，运用职业判断确定调查了解的范围和程度。

对于定期审计项目，审计人员可以利用以往审计中获得的信息，重点调查了解已经发生变化的情况。

第六十五条　审计人员在调查了解被审计单位及其相关情况的过程中，可以选择下列标准作为职业判断的依据：

（一）法律、法规、规章和其他规范性文件；

（二）国家有关方针和政策；

（三）会计准则和会计制度；

（四）国家和行业的技术标准；

（五）预算、计划和合同；

（六）被审计单位的管理制度和绩效目标；

（七）被审计单位的历史数据和历史业绩；

（八）公认的业务惯例或者良好实务；

（九）专业机构或者专家的意见；

（十）其他标准。

审计人员在审计实施过程中需要持续关注标准的适用性。

第六十六条　职业判断所选择的标准应当具有客观性、适用性、相关性、公认性。

标准不一致时，审计人员应当采用权威的和公认程度高的标准。

第六十七条　审计人员应当结合适用的标准，分析调查了解的被审计单位及其相关情况，判断被审计单位可能存在的问题。

第六十八条　审计人员应当运用职业判断，根据可能存在问题的性质、数额及其发生的具体环境，判断其重要性。

第六十九条　审计人员判断重要性时，可以关注下列因素：

（一）是否属于涉嫌犯罪的问题；

（二）是否属于法律法规和政策禁止的问题；

（三）是否属于故意行为所产生的问题；

（四）可能存在问题涉及的数量或者金额；

（五）是否涉及政策、体制或者机制的严重缺陷；

（六）是否属于信息系统设计缺陷；

（七）政府行政首长和相关领导机关及公众的关注程度；

（八）需要关注的其他因素。

第七十条　审计人员实施审计时，应当根据重要性判断的结果，重点关注被审计单位可能存在的重要问题。

第七十一条　需要对财务报表发表审计意见的，审计人员可以参照中国注册会计师执业准则的有关规定确定和运用重要性。

第七十二条　审计组应当评估被审计单位存在重要问题的可能性，以确定审计事项和审计应对措施。

第七十三条　审计组针对审计事项确定的审计应对措施包括：

（一）评估对内部控制的依赖程度，确定是否及如何测试相关内部控制的有效性；

（二）评估对信息系统的依赖程度，确定是否及如何检查相关信息系统的有效性、安全性；

（三）确定主要审计步骤和方法；

（四）确定审计时间；

（五）确定执行的审计人员；

（六）其他必要措施。

第七十四条　审计组在分配审计资源时，应当为重要审计事项分派有经验的审计人员和安排充足的审计时间，并评估特定审计事项是否需要利用外部专家的工作。

第七十五条　审计人员认为存在下列情形之一的，应当测试相关内部控制的有效性：

（一）某项内部控制设计合理且预期运行有效，能够防止重要问题的发生；

（二）仅实施实质性审查不足以为发现重要问题提供适当、充分的审计证据。

审计人员决定不依赖某项内部控制的，可以对审计事项直接进行实质性审查。

被审计单位规模较小、业务比较简单的，审计人员可以对审计事项直接进行实质性审查。

第七十六条　审计人员认为存在下列情形之一的，应当检查相关信息系统的有效性、安全性：

（一）仅审计电子数据不足以为发现重要问题提供适当、充分的审计证据；

（二）电子数据中频繁出现某类差异。

审计人员在检查被审计单位相关信息系统时，可以利用被审计单位信息系统的现有功能或者采用其他计算机技术和工具，检查中应当避免对被审计单位相关信息系统及其电子数据造成不良影响。

第七十七条　审计人员实施审计时，应当持续关注已作出的重要性判断和对存在重要问题可能性的评估是否恰当，及时作出修正，并调整审计应对措施。

第七十八条　遇有下列情形之一的，审计组应当及时调整审计实施方案：

（一）年度审计项目计划、审计工作方案发生变化的；

（二）审计目标发生重大变化的；

（三）重要审计事项发生变化的；

（四）被审计单位及其相关情况发生重大变化的；

（五）审计组人员及其分工发生重大变化的；

（六）需要调整的其他情形。

第七十九条　一般审计项目的审计实施方案应当经审计组组长审定，并及时报审计机关业务部门备案。

重要审计项目的审计实施方案应当报经审计机关负责人审定。

第八十条　审计组调整审计实施方案中的下列事项，应当报经审计机关主要负责人批准：

（一）审计目标；

（二）审计组组长；

（三）审计重点；

（四）现场审计结束时间。

第八十一条　编制和调整审计实施方案可以采取文字、表格或者两者相结合的形式。

第二节　审计证据

第八十二条　审计证据是指审计人员获取的能够为审计结论提供合理基础的全部事实，包括审计人员调查了解被审计单位及其相关情况和对确定的审计事项进行审查所获取的证据。

第八十三条　审计人员应当依照法定权限和程序获取审计证据。

第八十四条　审计人员获取的审计证据，应当具有适当性和充分性。

适当性是对审计证据质量的衡量，即审计证据在支持审计结论方面具有的相关性和可靠性。相关性是指审计证据与审计事项及其具体审计目标之间具有实质性联系。可靠性是指审计证据真实、可信。

充分性是对审计证据数量的衡量。审计人员在评估存在重要问题的可能性和审计证据质量的基础上，决定应当获取审计证据的数量。

第八十五条　审计人员对审计证据的相关性分析时，应当关注下列方面：

（一）一种取证方法获取的审计证据可能只与某些具体审计目标相关，而与其他具体审计目标无关；

（二）针对一项具体审计目标可以从不同来源获取审计证据或者获取不同形式的审计证据。

第八十六条　审计人员可以从下列方面分析审计证据的可靠性：

（一）从被审计单位外部获取的审计证据比从内部获取的审计证据更可靠；

（二）内部控制健全有效情况下形成的审计证据比内部控制缺失或者无效情况下形成的审计证据更可靠；

（三）直接获取的审计证据比间接获取的审计证据更可靠；

（四）从被审计单位财务会计资料中直接采集的审计证据比经被审计单位加工处理后提交的审计证据更可靠；

（五）原件形式的审计证据比复制件形式的审计证据更可靠。

不同来源和不同形式的审计证据存在不一致或者不能相互印证时，审计人员应当追加必要的审计措施，确定审计证据的可靠性。

第八十七条　审计人员获取的电子审计证据包括与信息系统控制相关的配置参数、反映交易记录的电子数据等。

采集被审计单位电子数据作为审计证据的，审计人员应当记录电子数据的采集和处理过程。

第八十八条　审计人员根据实际情况，可以在审计事项中选取全部项目或者部分特定项目进行审查，也可以进行审计抽样，以获取审计证据。

第八十九条　存在下列情形之一的，审计人员可以对审计事项中的全部项目进行审查：

（一）审计事项由少量大额项目构成的；

（二）审计事项可能存在重要问题，而选取其中部分项目进行审查无法提供适当、充分的审计证据的；

（三）对审计事项中的全部项目进行审查符合成本效益原则的。

第九十条　审计人员可以在审计事项中选取下列特定项目进行审查：

（一）大额或者重要项目；

（二）数量或者金额符合设定标准的项目；

（三）其他特定项目。

选取部分特定项目进行审查的结果，不能用于推断整个审计事项。

第九十一条　在审计事项包含的项目数量较多，需要对审计事项某一方面的总体特征作出结论时，审计人员可以进行审计抽样。

审计人员进行审计抽样时，可以参照中国注册会计师执业准则的有关规定。

第九十二条　审计人员可以采取下列方法向有关单位和个人获取审计证据：

（一）检查，是指对纸质、电子或者其他介质形式存在的文件、资料进行审查，或者对有形资产进行审查；

（二）观察，是指察看相关人员正在从事的活动或者执行的程序；

（三）询问，是指以书面或者口头方式向有关人员了解关于审计事项的信息；

（四）外部调查，是指向与审计事项有关的第三方进行调查；

（五）重新计算，是指以手工方式或者使用信息技术对有关数据计算的正确性进行核对；

（六）重新操作，是指对有关业务程序或者控制活动独立进行重新操作验证；

（七）分析，是指研究财务数据之间、财务数据与非财务数据之间可能存在的合理关系，对相关信息作出评价，并关注异常波动和差异。

审计人员进行专项审计调查，可以使用上述方法及其以外的其他方法。

第九十三条　审计人员应当依照法律法规规定，取得被审计单位负责人对本单位提供资料真实性和完整性的书面承诺。

第九十四条　审计人员取得证明被审计单位存在违反国家规定的财政收支、财务收支行为以及其他重要审计事项的审计证据材料，应当由提供证据的有关人员、单位签名或者盖章；不能取得签名或者盖章不影响事实存在的，该审计证据仍然有效，但审计人员应当注明原因。

审计事项比较复杂或者取得的审计证据数量较大的，可以对审计证据进行汇总分析，编制审计取证单，由证据提供者签名或者盖章。

第九十五条　被审计单位的相关资料、资产可能被转移、隐匿、篡改、毁弃并影响获取审计证据的，审计机关应当依照法律法规的规定采取相应的证据保全措施。

第九十六条　审计机关执行审计业务过程中，因行使职权受到限制而无法获取适当、充分的审计证据，或者无法制止违法行为对国家利益的侵害时，根据需要，可以按照有关规定提请有权处理的机关或者相关单位予以协助和配合。

第九十七条　审计人员需要利用所聘请外部人员的专业咨询和专业鉴定作为审计证据的，应当对下列方面作出判断：

（一）依据的样本是否符合审计项目的具体情况；

（二）使用的方法是否适当和合理；

（三）专业咨询、专业鉴定是否与其他审计证据相符。

第九十八条　审计人员需要使用有关监管机构、中介机构、内部审计机构等已经形成的工作结果作为审计证据的，应当对该工作结果的下列方面作出判断：

（一）是否与审计目标相关；

（二）是否可靠；

（三）是否与其他审计证据相符。

第九十九条　审计人员对于重要问题，可以围绕下列方面获取审计证据：

（一）标准，即判断被审计单位是否存在问题的依据；

（二）事实，即客观存在和发生的情况。事实与标准之间的差异构成审计发现的问题；

（三）影响，即问题产生的后果；

（四）原因，即问题产生的条件。

第一百条　审计人员在审计实施过程中，应当持续评价审计证据的适当性和充分性。

已采取的审计措施难以获取适当、充分审计证据的，审计人员应当采取替代审计措施；仍无法获取审计证据的，由审计组报请审计机关采取其他必要的措施或者不作出审计结论。

第三节　审计记录

第一百零一条　审计人员应当真实、完整地记录实施审计的过程、得出的结论和与审计项目有关的重要管理事项，以实现下列目标：

（一）支持审计人员编制审计实施方案和审计报告；

（二）证明审计人员遵循相关法律法规和本准则；

（三）便于对审计人员的工作实施指导、监督和检查。

第一百零二条　审计人员作出的记录，应当使未参与该项业务的有经验的其他审计人员能够理解其执行的审计措施、获取的审计证据、作出的职业判断和得出的审计结论。

第一百零三条　审计记录包括调查了解记录、审计工作底稿和重要管理事项记录。

第一百零四条　审计组在编制审计实施方案前，应当对调查了解被审计单位及其相关情况作出记录。调查了解记录的内容主要包括：

（一）对被审计单位及其相关情况的调查了解情况；

（二）对被审计单位存在重要问题可能性的评估情况；

（三）确定的审计事项及其审计应对措施。

第一百零五条　审计工作底稿主要记录审计人员依据审计实施方案执行审计措施的活动。

审计人员对审计实施方案确定的每一审计事项，均应当编制审计工作底稿。一个审计事项可以根据需要编制多份审计工作底稿。

第一百零六条　审计工作底稿的内容主要包括：

（一）审计项目名称；

（二）审计事项名称；

（三）审计过程和结论；

（四）审计人员姓名及审计工作底稿编制日期并签名；

（五）审核人员姓名、审核意见及审核日期并签名；

（六）索引号及页码；

（七）附件数量。

第一百零七条　审计工作底稿记录的审计过程和结论主要包括：

（一）实施审计的主要步骤和方法；

（二）取得的审计证据的名称和来源；

（三）审计认定的事实摘要；

（四）得出的审计结论及其相关标准。

第一百零八条　审计证据材料应当作为调查了解记录和审计工作底稿的附件。一份审计证据材料对应多个审计记录时，审计人员可以将审计证据材料附在与其关系最密切的审计记录后面，并在其他审计记录中予以注明。

第一百零九条　审计组起草审计报告前，审计组组长应当对审计工作底稿的下列事项进行审核：

（一）具体审计目标是否实现；

（二）审计措施是否有效执行；

（三）事实是否清楚；

（四）审计证据是否适当、充分；

（五）得出的审计结论及其相关标准是否适当；

（六）其他有关重要事项。

第一百一十条　审计组组长审核审计工作底稿，应当根据不同情况分别提出下列意见：

（一）予以认可；

（二）责成采取进一步审计措施，获取适当、充分的审计证据；

（三）纠正或者责成纠正不恰当的审计结论。

第一百一十一条　重要管理事项记录应当记载与审计项目相关并对审计结论有重要影响的下列管理事项：

（一）可能损害审计独立性的情形及采取的措施；

（二）所聘请外部人员的相关情况；

（三）被审计单位承诺情况；

（四）征求被审计对象或者相关单位及人员意见的情况、被审计对象或者相关单位及人员反馈的意见及审计组的采纳情况；

（五）审计组对审计发现的重大问题和审计报告讨论的过程及结论；

（六）审计机关业务部门对审计报告、审计决定书等审计项目材料的复核情况和意见；

（七）审理机构对审计项目的审理情况和意见；

（八）审计机关对审计报告的审定过程和结论；

（九）审计人员未能遵守本准则规定的约束性条款及其原因；

（十）因外部因素使审计任务无法完成的原因及影响；

（十一）其他重要管理事项。

重要管理事项记录可以使用被审计单位承诺书、审计机关内部审批文稿、会议记录、会议纪要、审理意见书或者其他书面形式。

第四节　重大违法行为检查

第一百一十二条　审计人员执行审计业务时，应当保持职业谨慎，充分关注可能存在的重大违法行为。

第一百一十三条　本准则所称重大违法行为是指被审计单位和相关人员违反法律法规、涉及金额比较大、造成国家重大经济损失或者对社会造成重大不良影响的行为。

第一百一十四条　审计人员检查重大违法行为，应当评估被审计单位和相关人员实施重大违法行为的动机、性质、后果和违法构成。

第一百一十五条　审计人员调查了解被审计单位及其相关情况时，可以重点了解可能与重大违法行为有关的下列事项：

（一）被审计单位所在行业发生重大违法行为的状况；

（二）有关的法律法规及其执行情况；

（三）监管部门已经发现和了解的与被审计单位有关的重大违法行为的事实或者线索；

（四）可能形成重大违法行为的动机和原因；

（五）相关的内部控制及其执行情况；

（六）其他情况。

第一百一十六条 审计人员可以通过关注下列情况，判断可能存在的重大违法行为：

（一）具体经济活动中存在的异常事项；

（二）财务和非财务数据中反映出的异常变化；

（三）有关部门提供的线索和群众举报；

（四）公众、媒体的反映和报道；

（五）其他情况。

第一百一十七条 审计人员根据被审计单位实际情况、工作经验和审计发现的异常现象，判断可能存在重大违法行为的性质，并确定检查重点。

审计人员在检查重大违法行为时，应当关注重大违法行为的高发领域和环节。

第一百一十八条 发现重大违法行为的线索，审计组或者审计机关可以采取下列应对措施：

（一）增派具有相关经验和能力的人员；

（二）避免让有关单位和人员事先知晓检查的时间、事项、范围和方式；

（三）扩大检查范围，使其能够覆盖重大违法行为可能涉及的领域；

（四）获取必要的外部证据；

（五）依法采取保全措施；

（六）提请有关机关予以协助和配合；

（七）向政府和有关部门报告；

（八）其他必要的应对措施。

第五章 审计报告

第一节 审计报告的形式和内容

第一百一十九条 审计报告包括审计机关进行审计后出具的审计报告以及专项审计调查后出具的专项审计调查报告。

第一百二十条 审计组实施审计或者专项审计调查后，应当向派出审计组的审计机关提交审计报告。审计机关审定审计组的审计报告后，应当出具审计机关的审计报告。遇有特殊情况，审计机关可以不向被调查单位出具专项审计调查报告。

第一百二十一条 审计报告应当内容完整、事实清楚、结论正确、用词恰当、格式规范。

第一百二十二条 审计机关的审计报告（审计组的审计报告）包括下列基本

要素：

（一）标题；

（二）文号（审计组的审计报告不含此项）；

（三）被审计单位名称；

（四）审计项目名称；

（五）内容；

（六）审计机关名称（审计组名称及审计组组长签名）；

（七）签发日期（审计组向审计机关提交报告的日期）。

经济责任审计报告还包括被审计人员姓名及所担任职务。

第一百二十三条　审计报告的内容主要包括：

（一）审计依据，即实施审计所依据的法律法规规定；

（二）实施审计的基本情况，一般包括审计范围、内容、方式和实施的起止时间；

（三）被审计单位基本情况；

（四）审计评价意见，即根据不同的审计目标，以适当、充分的审计证据为基础发表的评价意见；

（五）以往审计决定执行情况和审计建议采纳情况；

（六）审计发现的被审计单位违反国家规定的财政收支、财务收支行为和其他重要问题的事实、定性、处理处罚意见以及依据的法律法规和标准；

（七）审计发现的移送处理事项的事实和移送处理意见，但是涉嫌犯罪等不宜让被审计单位知悉的事项除外；

（八）针对审计发现的问题，根据需要提出的改进建议。

审计期间被审计单位对审计发现的问题已经整改的，审计报告还应当包括有关整改情况。

经济责任审计报告还应当包括被审计人员履行经济责任的基本情况，以及被审计人员对审计发现问题承担的责任。

核查社会审计机构相关审计报告发现的问题，应当在审计报告中一并反映。

第一百二十四条　采取跟踪审计方式实施审计的，审计组在跟踪审计过程中发现的问题，应当以审计机关的名义及时向被审计单位通报，并要求其整改。

跟踪审计实施工作全部结束后，应当以审计机关的名义出具审计报告。审计报告应当反映审计发现但尚未整改的问题，以及已经整改的重要问题及其整改情况。

第一百二十五条　专项审计调查报告除符合审计报告的要素和内容要求外，还应当根据专项审计调查目标重点分析宏观性、普遍性、政策性或者体制、机制问题并提出改进建议。

第一百二十六条　对审计或者专项审计调查中发现被审计单位违反国家规定的财政收支、财务收支行为，依法应当由审计机关在法定职权范围内作出处理处罚决定的，审计机关应当出具审计决定书。

第一百二十七条 审计决定书的内容主要包括：

（一）审计的依据、内容和时间；

（二）违反国家规定的财政收支、财务收支行为的事实、定性、处理处罚决定以及法律法规依据；

（三）处理处罚决定执行的期限和被审计单位书面报告审计决定执行结果等要求；

（四）依法提请政府裁决或者申请行政复议、提起行政诉讼的途径和期限。

第一百二十八条 审计或者专项审计调查发现的依法需要移送其他有关主管机关或者单位纠正、处理处罚或者追究有关人员责任的事项，审计机关应当出具审计移送处理书。

第一百二十九条 审计移送处理书的内容主要包括：

（一）审计的时间和内容；

（二）依法需要移送有关主管机关或者单位纠正、处理处罚或者追究有关人员责任事项的事实、定性及其依据和审计机关的意见；

（三）移送的依据和移送处理说明，包括将处理结果书面告知审计机关的说明；

（四）所附的审计证据材料。

第一百三十条 出具对国际组织、外国政府及其机构援助、贷款项目的审计报告，按照审计机关的相关规定执行。

第二节 审计报告的编审

第一百三十一条 审计组在起草审计报告前，应当讨论确定下列事项：

（一）评价审计目标的实现情况；

（二）审计实施方案确定的审计事项完成情况；

（三）评价审计证据的适当性和充分性；

（四）提出审计评价意见；

（五）评估审计发现问题的重要性；

（六）提出对审计发现问题的处理处罚意见；

（七）其他有关事项。

审计组应当对讨论前款事项的情况及其结果作出记录。

第一百三十二条 审计组组长应当确认审计工作底稿和审计证据已经审核，并从总体上评价审计证据的适当性和充分性。

第一百三十三条 审计组根据不同的审计目标，以审计认定的事实为基础，在防范审计风险的情况下，按照重要性原则，从真实性、合法性、效益性方面提出审计评价意见。

审计组应当只对所审计的事项发表审计评价意见。对审计过程中未涉及、审计证据不适当或者不充分、评价依据或者标准不明确以及超越审计职责范围的事项，不得发表审计评价意见。

第一百三十四条　审计组应当根据审计发现问题的性质、数额及其发生的原因和审计报告的使用对象，评估审计发现问题的重要性，如实在审计报告中予以反映。

第一百三十五条　审计组对审计发现的问题提出处理处罚意见时，应当关注下列因素：

（一）法律法规的规定；

（二）审计职权范围：属于审计职权范围的，直接提出处理处罚意见，不属于审计职权范围的，提出移送处理意见；

（三）问题的性质、金额、情节、原因和后果；

（四）对同类问题处理处罚的一致性；

（五）需要关注的其他因素。

审计发现被审计单位信息系统存在重大漏洞或者不符合国家规定的，应当责成被审计单位在规定期限内整改。

第一百三十六条　审计组应当针对经济责任审计发现的问题，根据被审计人员履行职责情况，界定其应当承担的责任。

第一百三十七条　审计组实施审计或者专项审计调查后，应当提出审计报告，按照审计机关规定的程序审批后，以审计机关的名义征求被审计单位、被调查单位和拟处罚的有关责任人员的意见。

经济责任审计报告还应当征求被审计人员的意见；必要时，征求有关干部监督管理部门的意见。

审计报告中涉及的重大经济案件调查等特殊事项，经审计机关主要负责人批准，可以不征求被审计单位或者被审计人员的意见。

第一百三十八条　被审计单位、被调查单位、被审计人员或者有关责任人员对征求意见的审计报告有异议的，审计组应当进一步核实，并根据核实情况对审计报告作出必要的修改。

审计组应当对采纳被审计单位、被调查单位、被审计人员、有关责任人员意见的情况和原因，或者上述单位或人员未在法定时间内提出书面意见的情况作出书面说明。

第一百三十九条　对被审计单位或者被调查单位违反国家规定的财政收支、财务收支行为，依法应当由审计机关进行处理处罚的，审计组应当起草审计决定书。

对依法应当由其他有关部门纠正、处理处罚或者追究有关责任人员责任的事项，审计组应当起草审计移送处理书。

第一百四十条　审计组应当将下列材料报送审计机关业务部门复核：

（一）审计报告；

（二）审计决定书；

（三）被审计单位、被调查单位、被审计人员或者有关责任人员对审计报告的书面意见及审计组采纳情况的书面说明；

（四）审计实施方案；

（五）调查了解记录、审计工作底稿、重要管理事项记录、审计证据材料；

（六）其他有关材料。

第一百四十一条　审计机关业务部门应当对下列事项进行复核，并提出书面复核意见：

（一）审计目标是否实现；

（二）审计实施方案确定的审计事项是否完成；

（三）审计发现的重要问题是否在审计报告中反映；

（四）事实是否清楚、数据是否正确；

（五）审计证据是否适当、充分；

（六）审计评价、定性、处理处罚和移送处理意见是否恰当，适用法律法规和标准是否适当；

（七）被审计单位、被调查单位、被审计人员或者有关责任人员提出的合理意见是否采纳；

（八）需要复核的其他事项。

第一百四十二条　审计机关业务部门应当将复核修改后的审计报告、审计决定书等审计项目材料连同书面复核意见，报送审理机构审理。

第一百四十三条　审理机构以审计实施方案为基础，重点关注审计实施的过程及结果，主要审理下列内容：

（一）审计实施方案确定的审计事项是否完成；

（二）审计发现的重要问题是否在审计报告中反映；

（三）主要事实是否清楚、相关证据是否适当、充分；

（四）适用法律法规和标准是否适当；

（五）评价、定性、处理处罚意见是否恰当；

（六）审计程序是否符合规定。

第一百四十四条　审理机构审理时，应当就有关事项与审计组及相关业务部门进行沟通。

必要时，审理机构可以参加审计组与被审计单位交换意见的会议，或者向被审计单位和有关人员了解相关情况。

第一百四十五条　审理机构审理后，可以根据情况采取下列措施：

（一）要求审计组补充重要审计证据；

（二）对审计报告、审计决定书进行修改。

审理过程中遇有复杂问题的，经审计机关负责人同意后，审理机构可以组织专家进行论证。

审理机构审理后，应当出具审理意见书。

第一百四十六条 审理机构将审理后的审计报告、审计决定书连同审理意见书报送审计机关负责人。

第一百四十七条 审计报告、审计决定书原则上应当由审计机关审计业务会议审定；特殊情况下，经审计机关主要负责人授权，可以由审计机关其他负责人审定。

第一百四十八条 审计决定书经审定，处罚的事实、理由、依据、决定与审计组征求意见的审计报告不一致并且加重处罚的，审计机关应当依照有关法律法规的规定及时告知被审计单位、被调查单位和有关责任人员，并听取其陈述和申辩。

第一百四十九条 对于拟作出罚款的处罚决定，符合法律法规规定的听证条件的，审计机关应当依照有关法律法规的规定履行听证程序。

第一百五十条 审计报告、审计决定书经审计机关负责人签发后，按照下列要求办理：

（一）审计报告送达被审计单位、被调查单位；

（二）经济责任审计报告送达被审计单位和被审计人员；

（三）审计决定书送达被审计单位、被调查单位、被处罚的有关责任人员。

第二节 专题报告与综合报告

第一百五十一条 审计机关在审计中发现的下列事项，可以采用专题报告、审计信息等方式向本级政府、上一级审计机关报告：

（一）涉嫌重大违法犯罪的问题；

（二）与国家财政收支、财务收支有关政策及其执行中存在的重大问题；

（三）关系国家经济安全的重大问题；

（四）关系国家信息安全的重大问题；

（五）影响人民群众经济利益的重大问题；

（六）其他重大事项。

第一百五十二条 专题报告应当主题突出、事实清楚、定性准确、建议适当。

审计信息应当事实清楚、定性准确、内容精炼、格式规范、反映及时。

第一百五十三条 审计机关统一组织审计项目的，可以根据需要汇总审计情况和结果，编制审计综合报告。必要时，审计综合报告应当征求有关主管机关的意见。

审计综合报告按照审计机关规定的程序审定后，向本级政府和上一级审计机关报送，或者向有关部门通报。

第一百五十四条 审计机关实施经济责任审计项目后，应当按照相关规定，向本级政府行政首长和有关干部监督管理部门报告经济责任审计结果。

第一百五十五条 审计机关依照法律法规的规定，每年汇总对本级预算执行情况和其他财政收支情况的审计报告，形成审计结果报告，报送本级政府和上一级审计机关。

第一百五十六条　审计机关依照法律法规的规定，代本级政府起草本级预算执行情况和其他财政收支情况的审计工作报告（稿），经本级政府行政首长审定后，受本级政府委托向本级人民代表大会常务委员会报告。

第四节　审计结果公布

第一百五十七条　审计机关依法实行公告制度。审计机关的审计结果、审计调查结果依法向社会公布。

第一百五十八条　审计机关公布的审计和审计调查结果主要包括下列信息：

（一）被审计（调查）单位基本情况；

（二）审计（调查）评价意见；

（三）审计（调查）发现的主要问题；

（四）处理处罚决定及审计（调查）建议；

（五）被审计（调查）单位的整改情况。

第一百五十九条　在公布审计和审计调查结果时，审计机关不得公布下列信息：

（一）涉及国家秘密、商业秘密的信息；

（二）正在调查、处理过程中的事项；

（三）依照法律法规的规定不予公开的其他信息。

涉及商业秘密的信息，经权利人同意或者审计机关认为不公布可能对公共利益造成重大影响的，可以予以公布。

审计机关公布审计和审计调查结果应当客观公正。

第一百六十条　审计机关公布审计和审计调查结果，应当指定专门机构统一办理，履行规定的保密审查和审核手续，报经审计机关主要负责人批准。

审计机关内设机构、派出机构和个人，未经授权不得向社会公布审计和审计调查结果。

第一百六十一条　审计机关统一组织不同级次审计机关参加的审计项目，其审计和审计调查结果原则上由负责该项目组织工作的审计机关统一对外公布。

第一百六十二条　审计机关公布审计和审计调查结果按照国家有关规定需要报批的，未经批准不得公布。

第五节　审计整改检查

第一百六十三条　审计机关应当建立审计整改检查机制，督促被审计单位和其他有关单位根据审计结果进行整改。

第一百六十四条　审计机关主要检查或者了解下列事项：

（一）执行审计机关作出的处理处罚决定情况；

（二）对审计机关要求自行纠正事项采取措施的情况；

（三）根据审计机关的审计建议采取措施的情况；

（四）对审计机关移送处理事项采取措施的情况。

第一百六十五条　审计组在审计实施过程中，应当及时督促被审计单位整改审计发现的问题。

审计机关在出具审计报告、作出审计决定后，应当在规定的时间内检查或者了解被审计单位和其他有关单位的整改情况。

第一百六十六条　审计机关可以采取下列方式检查或者了解被审计单位和其他有关单位的整改情况：

（一）实地检查或者了解；

（二）取得并审阅相关书面材料；

（三）其他方式。

对于定期审计项目，审计机关可以结合下一次审计，检查或者了解被审计单位的整改情况。

检查或者了解被审计单位和其他有关单位的整改情况应当取得相关证明材料。

第一百六十七条　审计机关指定的部门负责检查或者了解被审计单位和其他有关单位整改情况，并向审计机关提出检查报告。

第一百六十八条　检查报告的内容主要包括：

（一）检查工作开展情况，主要包括检查时间、范围、对象、和方式等；

（二）被审计单位和其他有关单位的整改情况；

（三）没有整改或者没有完全整改事项的原因和建议。

第一百六十九条　审计机关对被审计单位没有整改或者没有完全整改的事项，依法采取必要措施。

第一百七十条　审计机关对审计决定书中存在的重要错误事项，应当予以纠正。

第一百七十一条　审计机关汇总审计整改情况，向本级政府报送关于审计工作报告中指出问题的整改情况的报告。

第六章　审计质量控制和责任

第一百七十二条　审计机关应当建立审计质量控制制度，以保证实现下列目标：

（一）遵守法律法规和本准则；

（二）作出恰当的审计结论；

（三）依法进行处理处罚。

第一百七十三条　审计机关应当针对下列要素建立审计质量控制制度：

（一）审计质量责任；

（二）审计职业道德；

（三）审计人力资源；

（四）审计业务执行；

（五）审计质量监控。

对前款第二、三、四项应当按照本准则第二至五章的有关要求建立审计质量控制制度。

第一百七十四条　审计机关实行审计组成员、审计组主审、审计组组长、审计机关业务部门、审理机构、总审计师和审计机关负责人对审计业务的分级质量控制。

第一百七十五条　审计组成员的工作职责包括：

（一）遵守本准则，保持审计独立性；

（二）按照分工完成审计任务，获取审计证据；

（三）如实记录实施的审计工作并报告工作结果；

（四）完成分配的其他工作。

第一百七十六条　审计组成员应当对下列事项承担责任：

（一）未按审计实施方案实施审计导致重大问题未被发现的；

（二）未按照本准则的要求获取审计证据导致审计证据不适当、不充分的；

（三）审计记录不真实、不完整的；

（四）对发现的重要问题隐瞒不报或者不如实报告的。

第一百七十七条　审计组组长的工作职责包括：

（一）编制或者审定审计实施方案；

（二）组织实施审计工作；

（三）督导审计组成员的工作；

（四）审核审计工作底稿和审计证据；

（五）组织编制并审核审计组起草的审计报告、审计决定书、审计移送处理书、专题报告、审计信息；

（六）配置和管理审计组的资源；

（七）审计机关规定的其他职责。

第一百七十八条　审计组组长应当从下列方面督导审计组成员的工作：

（一）将具体审计事项和审计措施等信息告知审计组成员，并与其讨论；

（二）检查审计组成员的工作进展，评估审计组成员的工作质量，并解决工作中存在的问题；

（三）给予审计组成员必要的培训和指导。

第一百七十九条　审计组组长应当对审计项目的总体质量负责，并对下列事项承担责任：

（一）审计实施方案编制或者组织实施不当，造成审计目标未实现或者重要问题未被发现的；

（二）审核未发现或者未纠正审计证据不适当、不充分问题的；

（三）审核未发现或者未纠正审计工作底稿不真实、不完整问题的；

（四）得出的审计结论不正确的；

（五）审计组起草的审计文书和审计信息反映的问题严重失实的；

（六）提出的审计处理处罚意见或者移送处理意见不正确的；

（七）对审计组发现的重要问题隐瞒不报或者不如实报告的；

（八）违反法定审计程序的。

第一百八十条　根据工作需要，审计组可以设立主审。主审根据审计分工和审计组组长的委托，主要履行下列职责：

（一）起草审计实施方案、审计文书和审计信息；

（二）对主要审计事项进行审计查证；

（三）协助组织实施审计；

（四）督导审计组成员的工作；

（五）审核审计工作底稿和审计证据；

（六）组织审计项目归档工作；

（七）完成审计组组长委托的其他工作。

第一百八十一条　审计组组长将其工作职责委托给主审或者审计组其他成员的，仍应当对委托事项承担责任。受委托的成员在受托范围内承担相应责任。

第一百八十二条　审计机关业务部门的工作职责包括：

（一）提出审计组组长人选；

（二）确定聘请外部人员事宜；

（三）指导、监督审计组的审计工作；

（四）复核审计报告、审计决定书等审计项目材料；

（五）审计机关规定的其他职责。

业务部门统一组织审计项目的，应当承担编制审计工作方案，组织、协调审计实施和汇总审计结果的职责。

第一百八十三条　审计机关业务部门应当及时发现和纠正审计组工作中存在的重要问题，并对下列事项承担责任：

（一）对审计组请示的问题未及时采取适当措施导致严重后果的；

（二）复核未发现审计报告、审计决定书等审计项目材料中存在的重要问题的；

（三）复核意见不正确的；

（四）要求审计组不在审计文书和审计信息中反映重要问题的。

业务部门对统一组织审计项目的汇总审计结果出现重大错误、造成严重不良影响的事项承担责任。

第一百八十四条　审计机关审理机构的工作职责包括：

（一）审查修改审计报告、审计决定书；

（二）提出审理意见；

（三）审计机关规定的其他职责。

第一百八十五条　审计机关审理机构对下列事项承担责任：

（一）审理意见不正确的；

（二）对审计报告、审计决定书作出的修改不正确的；

（三）审理时应当发现而未发现重要问题的。

第一百八十六条　审计机关负责人的工作职责包括：

（一）审定审计项目目标、范围和审计资源的配置；

（二）指导和监督检查审计工作；

（三）审定审计文书和审计信息；

（四）审计管理中的其他重要事项。

审计机关负责人对审计项目实施结果承担最终责任。

第一百八十七条　审计机关对审计人员违反法律法规和本准则的行为，应当按照相关规定追究其责任。

第一百八十八条　审计机关应当按照国家有关规定，建立健全审计项目档案管理制度，明确审计项目归档要求、保存期限、保存措施、档案利用审批程序等。

第一百八十九条　审计项目归档工作实行审计组组长负责制，审计组组长应当确定立卷责任人。

立卷责任人应当收集审计项目的文件材料，并在审计项目终结后及时立卷归档，由审计组组长审查验收。

第一百九十条　审计机关实行审计业务质量检查制度，对其业务部门、派出机构和下级审计机关的审计业务质量进行检查。

第一百九十一条　审计机关可以通过查阅有关文件和审计档案、询问相关人员等方式、方法，检查下列事项：

（一）建立和执行审计质量控制制度的情况；

（二）审计工作中遵守法律法规和本准则的情况；

（三）与审计业务质量有关的其他事项。

审计业务质量检查应当重点关注审计结论的恰当性、审计处理处罚意见的合法性和适当性。

第一百九十二条　审计机关开展审计业务质量检查，应当向被检查单位通报检查结果。

第一百九十三条　审计机关在审计业务质量检查中，发现被检查的派出机构或者下级审计机关应当作出审计决定而未作出的，可以依法直接或者责成其在规定期限内作出审计决定；发现其作出的审计决定违反国家有关规定的，可以依法直接或者责成其在规定期限内变更、撤销审计决定。

第一百九十四条　审计机关应当对其业务部门、派出机构实行审计业务年度考核制度，考核审计质量控制目标的实现情况。

第一百九十五条　审计机关可以定期组织优秀审计项目评选，对被评为优秀审计项目的予以表彰。

第一百九十六条　审计机关应当对审计质量控制制度及其执行情况进行持续评

估，及时发现审计质量控制制度及其执行中存在的问题，并采取措施加以纠正或者改进。

审计机关可以结合日常管理工作或者通过开展审计业务质量检查、考核和优秀审计项目评选等方式，对审计质量控制制度及其执行情况进行持续评估。

第七章　附则

第一百九十七条　审计机关和审计人员开展下列工作，不适用本准则的规定：

（一）配合有关部门查处案件；

（二）与有关部门共同办理检查事项；

（三）接受交办或者接受委托办理不属于法定审计职责范围的事项。

第一百九十八条　地方审计机关可以根据本地实际情况，在遵循本准则规定的基础上制定实施细则。

第一百九十九条　本准则由审计署负责解释。

第二百条　本准则自2011年1月1日起施行。附件所列的审计署以前发布的审计准则和规定同时废止。

二、中国注册会计师鉴证业务基本准则

财会〔2006〕4号

第一章　总　则

第一条　为了规范注册会计师执行鉴证业务，明确鉴证业务的目标和要素，确定中国注册会计师审计准则、中国注册会计师审阅准则、中国注册会计师其他鉴证业务准则（分别简称审计准则、审阅准则和其他鉴证业务准则）适用的鉴证业务类型，根据《中华人民共和国注册会计师法》，制定本准则。

第二条　鉴证业务包括历史财务信息审计业务、历史财务信息审阅业务和其他鉴证业务。注册会计师执行历史财务信息审计业务、历史财务信息审阅业务和其他鉴证业务时，应当遵守本准则以及依据本准则制定的审计准则、审阅准则和其他鉴证业务准则。

第三条　本准则所称注册会计师，是指取得注册会计师证书并在会计师事务所执业的人员，有时也指其所在的会计师事务所。

本准则所称鉴证业务要素，是指鉴证业务的三方关系、鉴证对象、标准、证据和鉴证报告。

第四条　注册会计师执行鉴证业务时，应当遵守中国注册会计师职业道德规范（简称职业道德规范）和会计师事务所质量控制准则。

第二章 鉴证业务的定义和目标

第五条 鉴证业务是指注册会计师对鉴证对象信息提出结论，以增强除责任方之外的预期使用者对鉴证对象信息信任程度的业务。

鉴证对象信息是按照标准对鉴证对象进行评价和计量的结果。如责任方按照会计准则和相关会计制度（标准）对其财务状况、经营成果和现金流量（鉴证对象）进行确认、计量和列报（包括披露，下同）而形成的财务报表（鉴证对象信息）。

第六条 鉴证对象信息应当恰当反映既定标准运用于鉴证对象的情况。如果没有按照既定标准恰当反映鉴证对象的情况，鉴证对象信息可能存在错报，而且可能存在重大错报。

第七条 鉴证业务分为基于责任方认定的业务和直接报告业务。

在基于责任方认定的业务中，责任方对鉴证对象进行评价或计量，鉴证对象信息以责任方认定的形式为预期使用者获取。如在财务报表审计中，被审计单位管理层（责任方）对财务状况、经营成果和现金流量（鉴证对象）进行确认、计量和列报（评价或计量）而形成的财务报表（鉴证对象信息）即为责任方的认定，该财务报表可为预期报表使用者获取，注册会计师针对财务报表出具审计报告。这种业务属于基于责任方认定的业务。

在直接报告业务中，注册会计师直接对鉴证对象进行评价或计量，或者从责任方获取对鉴证对象评价或计量的认定，而该认定无法为预期使用者获取，预期使用者只能通过阅读鉴证报告获取鉴证对象信息。如在内部控制鉴证业务中，注册会计师可能无法从管理层（责任方）获取其对内部控制有效性的评价报告（责任方认定），或虽然注册会计师能够获取该报告，但预期使用者无法获取该报告，注册会计师直接对内部控制的有效性（鉴证对象）进行评价并出具鉴证报告，预期使用者只能通过阅读该鉴证报告获得内部控制有效性的信息（鉴证对象信息）。这种业务属于直接报告业务。

第八条 鉴证业务的保证程度分为合理保证和有限保证。

合理保证的鉴证业务的目标是注册会计师将鉴证业务风险降至该业务环境下可接受的低水平，以此作为以积极方式提出结论的基础。如在历史财务信息审计中，要求注册会计师将审计风险降至可接受的低水平，对审计后的历史财务信息提供高水平保证（合理保证），在审计报告中对历史财务信息采用积极方式提出结论。这种业务属于合理保证的鉴证业务。

有限保证的鉴证业务的目标是注册会计师将鉴证业务风险降至该业务环境下可接受的水平，以此作为以消极方式提出结论的基础。如在历史财务信息审阅中，要求注册会计师将审阅风险降至该业务环境下可接受的水平（高于历史财务信息审计中可接受的低水平），对审阅后的历史财务信息提供低于高水平的保证（有限保证），在审阅报告中对历史财务信息采用消极方式提出结论。这种业务属于有限保证的鉴证业务。

第三章　业务承接

第九条　在接受委托前，注册会计师应当初步了解业务环境。

业务环境包括业务约定事项、鉴证对象特征、使用的标准、预期使用者的需求、责任方及其环境的相关特征，以及可能对鉴证业务产生重大影响的事项、交易、条件和惯例等其他事项。

第十条　在初步了解业务环境后，只有认为符合独立性和专业胜任能力等相关职业道德规范的要求，并且拟承接的业务具备下列所有特征，注册会计师才能将其作为鉴证业务予以承接：

（一）鉴证对象适当；

（二）使用的标准适当且预期使用者能够获取该标准；

（三）注册会计师能够获取充分、适当的证据以支持其结论；

（四）注册会计师的结论以书面报告形式表述，且表述形式与所提供的保证程度相适应；

（五）该业务具有合理的目的。如果鉴证业务的工作范围受到重大限制，或委托人试图将注册会计师的名字和鉴证对象不适当地联系在一起，则该业务可能不具有合理的目的。

第十一条　当拟承接的业务不具备本准则第十条规定的鉴证业务的所有特征，不能将其作为鉴证业务予以承接时，注册会计师可以提请委托人将其作为非鉴证业务（如商定程序、代编财务信息、管理咨询、税务服务等相关服务业务），以满足预期使用者的需要。

第十二条　如果某项鉴证业务采用的标准不适当，但满足下列条件之一时，注册会计师可以考虑将其作为一项新的鉴证业务：

（一）委托人能够确认鉴证对象的某个方面适用于所采用的标准，注册会计师可以针对该方面执行鉴证业务，但在鉴证报告中应当说明该报告的内容并非针对鉴证对象整体；

（二）能够选择或设计适用于鉴证对象的其他标准。

第十三条　对已承接的鉴证业务，如果没有合理理由，注册会计师不应将该项业务变更为非鉴证业务，或将合理保证的鉴证业务变更为有限保证的鉴证业务。

当业务环境变化影响到预期使用者的需求，或预期使用者对该项业务的性质存在误解时，注册会计师可以应委托人的要求，考虑同意变更该项业务。如果发生变更，注册会计师不应忽视变更前获取的证据。

第四章　鉴证业务的三方关系

第十四条　鉴证业务涉及的三方关系人包括注册会计师、责任方和预期使用者。

责任方与预期使用者可能是同一方，也可能不是同一方。

第十五条　注册会计师可以承接符合本准则第十条规定的各类鉴证业务。

如果鉴证业务涉及的特殊知识和技能超出了注册会计师的能力，注册会计师可以利用专家协助执行鉴证业务。在这种情况下，注册会计师应当确信包括专家在内的项目组整体已具备执行该项鉴证业务所需的知识和技能，并充分参与该项鉴证业务和了解专家所承担的工作。

第十六条　责任方是指下列组织或人员：

（一）在直接报告业务中，对鉴证对象负责的组织或人员；

（二）在基于责任方认定的业务中，对鉴证对象信息负责并可能同时对鉴证对象负责的组织或人员。

责任方可能是鉴证业务的委托人，也可能不是委托人。

第十七条　注册会计师通常提请责任方提供书面声明，表明责任方已按照既定标准对鉴证对象进行评价或计量，无论该声明是否能为预期使用者获取。

在直接报告业务中，当委托人与责任方不是同一方时，注册会计师可能无法获取此类书面声明。

第十八条　预期使用者是指预期使用鉴证报告的组织或人员。责任方可能是预期使用者，但不是唯一的预期使用者。

注册会计师可能无法识别使用鉴证报告的所有组织和人员，尤其在各种可能的预期使用者对鉴证对象存在不同的利益需求时。注册会计师应当根据法律法规的规定或与委托人签订的协议识别预期使用者。

在可行的情况下，鉴证报告的收件人应当明确为所有的预期使用者。

第十九条　在可行的情况下，注册会计师应当提请预期使用者或其代表，与注册会计师和责任方（如果委托人与责任方不是同一方，还包括委托人）共同确定鉴证业务约定条款。

无论其他人员是否参与，注册会计师都应当负责确定鉴证业务程序的性质、时间和范围，并对鉴证业务中发现的、可能导致对鉴证对象信息作出重大修改的问题进行跟踪。

第二十条　当鉴证业务服务于特定的使用者，或具有特定目的时，注册会计师应当考虑在鉴证报告中注明该报告的特定使用者或特定目的，对报告的用途加以限定。

第五章　鉴证对象

第二十一条　鉴证对象与鉴证对象信息具有多种形式，主要包括：

（一）当鉴证对象为财务业绩或状况时（如历史或预测的财务状况、经营成果和现金流量），鉴证对象信息是财务报表；

（二）当鉴证对象为非财务业绩或状况时（如企业的运营情况），鉴证对象信息可能是反映效率或效果的关键指标；

（三）当鉴证对象为物理特征时（如设备的生产能力），鉴证对象信息可能是有关鉴证对象物理特征的说明文件；

（四）当鉴证对象为某种系统和过程时（如企业的内部控制或信息技术系统），鉴证对象信息可能是关于其有效性的认定；

（五）当鉴证对象为一种行为时（如遵守法律法规的情况），鉴证对象信息可能是对法律法规遵守情况或执行效果的声明。

第二十二条　鉴证对象具有不同特征，可能表现为定性或定量、客观或主观、历史或预测、时点或期间。这些特征将对下列方面产生影响：

（一）按照标准对鉴证对象进行评价或计量的准确性；

（二）证据的说服力。

鉴证报告应当说明与预期使用者特别相关的鉴证对象特征。

第二十三条　适当的鉴证对象应当同时具备下列条件：

（一）鉴证对象可以识别；

（二）不同的组织或人员对鉴证对象按照既定标准进行评价或计量的结果合理一致；

（三）注册会计师能够收集与鉴证对象有关的信息，获取充分、适当的证据，以支持其提出适当的鉴证结论。

第六章　标准

第二十四条　标准是指用于评价或计量鉴证对象的基准，当涉及列报时，还包括列报的基准。

标准可以是正式的规定，如编制财务报表所使用的会计准则和相关会计制度；也可以是某些非正式的规定，如单位内部制定的行为准则或确定的绩效水平。

第二十五条　注册会计师在运用职业判断对鉴证对象作出合理一致的评价或计量时，需要有适当的标准。

适当的标准应当具备下列所有特征：

（一）相关性：相关的标准有助于得出结论，便于预期使用者作出决策；

（二）完整性：完整的标准不应忽略业务环境中可能影响得出结论的相关因素，当涉及列报时，还包括列报的基准；

（三）可靠性：可靠的标准能够使能力相近的注册会计师在相似的业务环境中，对鉴证对象作出合理一致的评价或计量；

（四）中立性：中立的标准有助于得出无偏向的结论；

（五）可理解性：可理解的标准有助于得出清晰、易于理解、不会产生重大歧义的结论。

注册会计师基于自身的预期、判断和个人经验对鉴证对象进行的评价和计量，不构成适当的标准。

第二十六条　注册会计师应当考虑运用于具体业务的标准是否具备本准则第二十五条所述的特征，以评价该标准对此项业务的适用性。在具体鉴证业务中，注册会计师评价标准各项特征的相对重要程度，需要运用职业判断。

标准可能是由法律法规规定的，或由政府主管部门或国家认可的专业团体依照公开、适当的程序发布的，也可能是专门制定的。采用标准的类型不同，注册会计师为评价该标准对于具体鉴证业务的适用性所需执行的工作也不同。

第二十七条　标准应当能够为预期使用者获取，以使预期使用者了解鉴证对象的评价或计量过程。标准可以通过下列方式供预期使用者获取：

（一）公开发布；

（二）在陈述鉴证对象信息时以明确的方式表述；

（三）在鉴证报告中以明确的方式表述；

（四）常识理解，如计量时间的标准是小时或分钟。

如果确定的标准仅能为特定的预期使用者获取，或仅与特定目的相关，鉴证报告的使用也应限于这些特定的预期使用者或特定目的。

第七章　证据

第一节　总体要求

第二十八条　注册会计师应当以职业怀疑态度计划和执行鉴证业务，获取有关鉴证对象信息是否不存在重大错报的充分、适当的证据。

注册会计师应当及时对制定的计划、实施的程序、获取的相关证据以及得出的结论作出记录。

第二十九条　注册会计师在计划和执行鉴证业务，尤其在确定证据收集程序的性质、时间和范围时，应当考虑重要性、鉴证业务风险以及可获取证据的数量和质量。

第二节　职业怀疑态度

第三十条　职业怀疑态度是指注册会计师以质疑的思维方式评价所获取证据的有效性，并对相互矛盾的证据，以及引起对文件记录或责任方提供的信息的可靠性产生怀疑的证据保持警觉。

第三十一条　鉴证业务通常不涉及鉴定文件记录的真伪，注册会计师也不是鉴定文件记录真伪的专家，但应当考虑用作证据的信息的可靠性，包括考虑与信息生成和维护相关的控制的有效性。

如果在执行业务过程中识别出的情况使其认为文件记录可能是伪造的或文件记录中的某些条款已发生变动，注册会计师应当作出进一步调查，包括直接向第三方询证，或考虑利用专家的工作，以评价文件记录的真伪。

第三节　证据的充分性和适当性

第三十二条　证据的充分性是对证据数量的衡量，主要与注册会计师确定的样本量有关。证据的适当性是对证据质量的衡量，即证据的相关性和可靠性。

所需证据的数量受鉴证对象信息重大错报风险的影响，即风险越大，可能需要的证据数量越多；所需证据的数量也受证据质量的影响，即证据质量越高，可能需要的证据数量越少。

尽管证据的充分性和适当性相关，但如果证据的质量存在缺陷，注册会计师仅靠获取更多的证据可能无法弥补其质量上的缺陷。

第三十三条　证据的可靠性受其来源和性质的影响，并取决于获取证据的具体环境。

注册会计师通常按照下列原则考虑证据的可靠性：

（一）从外部独立来源获取的证据比从其他来源获取的证据更可靠；

（二）内部控制有效时内部生成的证据比内部控制薄弱时内部生成的证据更可靠；

（三）直接获取的证据比间接获取或推论得出的证据更可靠；

（四）以文件记录形式（无论是纸质、电子或其他介质）存在的证据比口头形式的证据更可靠；

（五）从原件获取的证据比从传真或复印件获取的证据更可靠。

在运用本条第二款第（一）项至第（五）项所述原则评价证据的可靠性时，注册会计师应当注意可能出现的重大例外情况。

第三十四条　如果针对某项认定从不同来源获取的证据或获取的不同性质的证据能够相互印证，与该项认定相关的证据通常具有更强的说服力。

如果从不同来源获取的证据或获取的不同性质的证据不一致，可能表明某项证据不可靠，注册会计师应当追加必要的程序予以解决。

第三十五条　针对一个期间的鉴证对象信息获取充分、适当的证据，通常要比针对一个时点的鉴证对象信息获取充分、适当的证据更困难。

针对过程提出的结论通常限于鉴证业务涵盖的期间，注册会计师不应对该过程是否在未来以特定方式继续发挥作用提出结论。

第三十六条　注册会计师可以考虑获取证据的成本与所获取信息有用性之间的关系，但不应仅以获取证据的困难和成本为由减少不可替代的程序。

在评价证据的充分性和适当性以支持鉴证报告时，注册会计师应当运用职业判断，并保持职业怀疑态度。

第四节　重要性

第三十七条　在确定证据收集程序的性质、时间和范围，评估鉴证对象信息是否不存在错报时，注册会计师应当考虑重要性。在考虑重要性时，注册会计师应当了解并评估哪些因素可能会影响预期使用者的决策。

注册会计师应当综合数量和性质因素考虑重要性。在具体业务中评估重要性以及数量和性质因素的相对重要程度，需要注册会计师运用职业判断。

第五节　鉴证业务风险

第三十八条　鉴证业务风险是指在鉴证对象信息存在重大错报的情况下，注册会计师提出不恰当结论的可能性。

在直接报告业务中，鉴证对象信息仅体现在注册会计师的结论中，鉴证业务风险包括注册会计师不恰当地提出鉴证对象在所有重大方面遵守标准的结论的可能性。

第三十九条　在合理保证的鉴证业务中，注册会计师应当将鉴证业务风险降至具体业务环境下可接受的低水平，以获取合理保证，作为以积极方式提出结论的基础。

在有限保证的鉴证业务中，由于证据收集程序的性质、时间和范围与合理保证的鉴证业务不同，其风险水平高于合理保证的鉴证业务；但注册会计师实施的证据收集程序至少应当足以获取有意义的保证水平，作为以消极方式提出结论的基础。

当注册会计师获取的保证水平很有可能在一定程度上增强预期使用者对鉴证对象信息的信任时，这种保证水平是有意义的保证水平。

第四十条　鉴证业务风险通常体现为重大错报风险和检查风险。

重大错报风险是指鉴证对象信息在鉴证前存在重大错报的可能性。

检查风险是指某一鉴证对象信息存在错报，该错报单独或连同其他错报是重大的，但注册会计师未能发现这种错报的可能性。

注册会计师对重大错报风险和检查风险的考虑受具体业务环境的影响，特别受鉴证对象性质，以及所执行的是合理保证鉴证业务还是有限保证鉴证业务的影响。

第六节　证据收集程序的性质、时间和范围

第四十一条　证据收集程序的性质、时间和范围因业务的不同而不同。注册会计师应当清楚表达证据收集程序，并以适当的形式运用于合理保证的鉴证业务和有限保证的鉴证业务。

第四十二条　在合理保证的鉴证业务中，为了能够以积极方式提出结论，注册会计师应当通过下列不断修正的、系统化的执业过程，获取充分、适当的证据：

（一）了解鉴证对象及其他的业务环境事项，在适用的情况下包括了解内部控制；

（二）在了解鉴证对象及其他的业务环境事项的基础上，评估鉴证对象信息可能存在的重大错报风险；

（三）应对评估的风险，包括制定总体应对措施以及确定进一步程序的性质、

时间和范围；

（四）针对已识别的风险实施进一步程序，包括实施实质性程序，以及在必要时测试控制运行的有效性；

（五）评价证据的充分性和适当性。

第四十三条　合理保证提供的保证水平低于绝对保证。由于下列因素的存在，将鉴证业务风险降至零几乎不可能，也不符合成本效益原则：

（一）选择性测试方法的运用；

（二）内部控制的固有局限性；

（三）大多数证据是说服性而非结论性的；

（四）在获取和评价证据以及由此得出结论时涉及大量判断；

（五）在某些情况下鉴证对象具有特殊性。

第四十四条　合理保证的鉴证业务和有限保证的鉴证业务都需要运用鉴证技术和方法，收集充分、适当的证据。与合理保证的鉴证业务相比，有限保证的鉴证业务在证据收集程序的性质、时间、范围等方面是有意识地加以限制的。

无论是合理保证还是有限保证的鉴证业务，如果注意到某事项可能导致对鉴证对象信息是否需要作出重大修改产生疑问，注册会计师应当执行其他足够的程序，追踪这一事项，以支持鉴证结论。

第七节　可获取证据的数量和质量

第四十五条　可获取证据的数量和质量受下列因素的影响：

（一）鉴证对象和鉴证对象信息的特征；

（二）业务环境中除鉴证对象特征以外的其他事项。

第四十六条　对任何类型的鉴证业务，如果下列情形对注册会计师的工作范围构成重大限制，阻碍注册会计师获取所需要的证据，注册会计师提出无保留结论是不恰当的：

（一）客观环境阻碍注册会计师获取所需要的证据，无法将鉴证业务风险降至适当水平；

（二）责任方或委托人施加限制，阻碍注册会计师获取所需要的证据，无法将鉴证业务风险降至适当水平。

第八节　记录

第四十七条　注册会计师应当记录重大事项，以提供证据支持鉴证报告，并证明其已按照鉴证业务准则的规定执行业务。

第四十八条　对需要运用职业判断的所有重大事项，注册会计师应当记录推理过程和相关结论。

如果对某些事项难以进行判断，注册会计师还应当记录得出结论时已知悉的有关事实。

第四十九条 注册会计师应当将鉴证过程中考虑的所有重大事项记录于工作底稿。

在运用职业判断确定工作底稿的编制和保存范围时，注册会计师应当考虑，使未曾接触该项鉴证业务的有经验的专业人士了解实施的鉴证程序，以及作出重大决策的依据。

第八章 鉴证报告

第五十条 注册会计师应当出具含有鉴证结论的书面报告，该鉴证结论应当说明注册会计师就鉴证对象信息获取的保证。

注册会计师应当考虑其他报告责任，包括在适当时与治理层沟通。

第五十一条 在基于责任方认定的业务中，注册会计师的鉴证结论可以采用下列两种表述形式：

（一）明确提及责任方认定，如“我们认为，责任方作出的‘根据×标准，内部控制在所有重大方面是有效的’这一认定是公允的”。

（二）直接提及鉴证对象和标准，如“我们认为，根据×标准，内部控制在所有重大方面是有效的”。

在直接报告业务中，注册会计师应当明确提及鉴证对象和标准。

第五十二条 在合理保证的鉴证业务中，注册会计师应当以积极方式提出结论，如“我们认为，根据×标准，内部控制在所有重大方面是有效的”或“我们认为，责任方作出的‘根据×标准，内部控制在所有重大方面是有效的’这一认定是公允的”。

在有限保证的鉴证业务中，注册会计师应当以消极方式提出结论，如“基于本报告所述的工作，我们没有注意到任何事项使我们相信，根据×标准，×系统在任何重大方面是无效的”或“基于本报告所述的工作，我们没有注意到任何事项使我们相信，责任方作出的‘根据×标准，×系统在所有重大方面是有效的’这一认定是不公允的”。

第五十三条 当存在本准则第五十四条至第五十六条所述情况时，注册会计师应当对其影响程度作出判断。如果这些情况影响重大，注册会计师不能出具无保留结论的报告。

第五十四条 对任何类型的鉴证业务，如果注册会计师的工作范围受到限制，注册会计师应当视受到限制的重大与广泛程度，出具保留结论或无法提出结论的报告。

在某些情况下，注册会计师应当考虑解除业务约定。

第五十五条 如果存在下列情形，注册会计师应当视其影响的重大与广泛程度，出具保留结论或否定结论的报告：

（一）注册会计师的结论提及责任方的认定，且该认定未在所有重大方面作出公允表达；

（二）注册会计师的结论直接提及鉴证对象和标准，且鉴证对象信息存在重大错报。

第五十六条　在承接业务后，如果发现标准或鉴证对象不适当，可能误导预期使用者，注册会计师应当视其重大与广泛程度，出具保留结论或否定结论的报告。

如果发现标准或鉴证对象不适当，造成工作范围受到限制，注册会计师应当视受到限制的重大与广泛程度，出具保留结论或无法提出结论的报告。

在某些情况下，注册会计师应当考虑解除业务约定。

第五十七条　当注册会计师针对鉴证对象信息出具报告，或同意将其姓名与鉴证对象联系在一起时，则注册会计师与该鉴证对象发生了关联。

如果获知他人不恰当地将其姓名与鉴证对象相关联，注册会计师应当要求其停止这种行为，并考虑采取其他必要的措施，包括将不恰当使用注册会计师姓名这一情况告知所有已知的使用者或征询法律意见。

第九章　附则

第五十八条　注册会计师执行司法诉讼中涉及会计、审计、税务或其他事项的鉴定业务，除有特定要求者外，应当参照本准则办理。

第五十九条　某些业务可能符合本准则第五条鉴证业务的定义，使用者可能从业务报告的意见、观点或措辞中推测出某种程度的保证，但如果满足下列所有条件，注册会计师执行这些业务不必遵守本准则：

（一）注册会计师的意见、观点或措辞对整个业务而言仅是附带性的；

（二）注册会计师出具的书面报告被明确限定为仅供报告中所提及的使用者使用；

（三）与特定预期使用者达成的书面协议中，该业务未被确认为鉴证业务；

（四）在注册会计师出具的报告中，该业务未被称为鉴证业务。

第六十条　本准则自2007年1月1日起施行。

三、中国注册会计师审计准则

——《第1101号——注册会计师的总体目标和审计工作的基本要求》

（2010年11月1日修订）

第一章　总则

第一条　为了规范注册会计师按照中国注册会计师审计准则（简称审计准则）执行财务报表审计工作，确立注册会计师的总体目标，明确注册会计师为实现总体目标而需要执行审计工作的性质和范围，以及在执行财务报表审计业务时承担的责任，制定本准则。

第二条 审计准则适用于注册会计师执行财务报表审计业务。当执行其他历史财务信息审计业务时，注册会计师可以根据具体情况遵守适用的相关审计准则，以满足此类业务的要求。

第二章 定义

第三条 注册会计师，是指取得注册会计师证书并在会计师事务所执业的人员，通常是指项目合伙人或项目组其他成员，有时也指其所在的会计师事务所。当审计准则明确指出应由项目合伙人遵守的规定或承担的责任时，使用“项目合伙人”而非“注册会计师”的称谓。

第四条 本准则所称财务报表，是指依据某一财务报告编制基础对被审计单位历史财务信息作出的结构性表述，包括相关附注，旨在反映某一时点的经济资源或义务或者某一时期经济资源或义务的变化。相关附注通常包括重要会计政策概要和其他解释性信息。财务报表通常是指整套财务报表，有时也指单一财务报表。整套财务报表的构成应当根据适用的财务报告编制基础的规定确定。

第五条 历史财务信息，是指以财务术语表述的某一特定实体的信息，这些信息主要来自特定实体的会计系统，反映了过去一段时间内发生的经济事项，或者过去某一时点的经济状况或情况。

第六条 适用的财务报告编制基础，是指法律法规要求采用的财务报告编制基础；或者管理层和治理层（如适用）在编制财务报表时，就被审计单位性质和财务报表目标而言，采用的可接受的财务报告编制基础。

财务报告编制基础分为通用目的编制基础和特殊目的编制基础。

通用目的编制基础，是指旨在满足广大财务报表使用者共同的财务信息需求的财务报告编制基础，主要是指会计准则和会计制度。

特殊目的编制基础，是指旨在满足财务报表特定使用者对财务信息需求的财务报告编制基础，包括计税核算基础、监管机构的报告要求和合同的约定等。

第七条 管理层，是指对被审计单位经营活动的执行负有经营管理责任的人员。在某些被审计单位，管理层包括部分或全部的治理层成员，如治理层中负有经营管理责任的人员，或参与日常经营管理的业主（以下简称业主兼经理）。

第八条 治理层，是指对被审计单位战略方向以及管理层履行经营管理责任负有监督责任的人员或组织。治理层的责任包括监督财务报告过程。在某些被审计单位，治理层可能包括管理层，如治理层中负有经营管理责任的人员，或业主兼经理。

第九条 与管理层和治理层责任相关的执行审计工作的前提（以下简称执行审计工作的前提），是指管理层和治理层（如适用）认可并理解其应当承担下列责任，这些责任构成注册会计师按照审计准则的规定执行审计工作的基础：

（一）按照适用的财务报告编制基础编制财务报表，并使其实现公允反映（如适用）；

（二）设计、执行和维护必要的内部控制，以使财务报表不存在由于舞弊或错误导致的重大错报；

（三）向注册会计师提供必要的工作条件，包括允许注册会计师接触与编制财务报表相关的所有信息（如记录、文件和其他事项），向注册会计师提供审计所需的其他信息，允许注册会计师在获取审计证据时不受限制地接触其认为必要的内部人员和其他相关人员。

第十条　错报，是指某一财务报表项目的金额、分类、列报或披露，与按照适用的财务报告编制基础应当列示的金额、分类、列报或披露之间存在的差异。错报可能是由于错误或舞弊导致的。

当注册会计师对财务报表是否在所有重大方面按照适用的财务报告编制基础编制并实现公允反映发表审计意见时，错报还包括根据注册会计师的判断，为使财务报表在所有重大方面实现公允反映，需要对金额、分类、列报或披露作出的必要调整。

第十一条　审计证据，是指注册会计师为了得出审计结论和形成审计意见而使用的信息。审计证据包括构成财务报表基础的会计记录所含有的信息和其他信息。

审计证据的充分性，是对审计证据数量的衡量。注册会计师需要获取的审计证据的数量受其对重大错报风险评估的影响，并受审计证据质量的影响。

审计证据的适当性，是对审计证据质量的衡量，即审计证据在支持审计意见所依据的结论方面具有的相关性和可靠性。

第十二条　合理保证，是指注册会计师在财务报表审计中提供的一种高度但非绝对的保证。

第十三条　审计风险，是指当财务报表存在重大错报时，注册会计师发表不恰当审计意见的可能性。审计风险取决于重大错报风险和检查风险。

第十四条　重大错报风险，是指财务报表在审计前存在重大错报的可能性。

重大错报风险分为财务报表层次的重大错报风险和认定层次的重大错报风险。认定层次的重大错报风险由固有风险和控制风险两部分组成。

固有风险，是指在考虑相关的内部控制之前，某类交易、账户余额或披露的某一认定易于发生错报（该错报单独或连同其他错报可能是重大的）的可能性。

控制风险，是指某类交易、账户余额或披露的某一认定发生错报，该错报单独或连同其他错报可能是重大的，但没有被内部控制及时防止或发现并纠正的可能性。

第十五条　检查风险，是指如果存在某一错报，该错报单独或连同其他错报可能是重大的，注册会计师为将审计风险降至可接受的低水平而实施程序后没有发现这种错报的风险。

第十六条　职业判断，是指在审计准则、财务报告编制基础和职业道德要求的框架下，注册会计师综合运用相关知识、技能和经验，作出适合审计业务具体情况、有根据的行动决策。

第十七条　职业怀疑，是指注册会计师执行审计业务的一种态度，包括采取质疑的思维方式，对可能表明由于错误或舞弊导致错报的迹象保持警觉，以及对审计证据进行审慎评价。

第三章　财务报表审计

第十八条　审计的目的是提高财务报表预期使用者对财务报表的信赖程度。这一目的可以通过注册会计师对财务报表是否在所有重大方面按照适用的财务报告编制基础编制发表审计意见得以实现。

就大多数通用目的财务报告编制基础而言，注册会计师针对财务报表是否在所有重大方面按照财务报告编制基础编制并实现公允反映发表审计意见。注册会计师按照审计准则和相关职业道德要求执行审计工作，能够形成这样的意见。

第十九条　财务报表是由被审计单位管理层在治理层的监督下编制的。审计准则不对管理层或治理层设定责任，也不超越法律法规对管理层或治理层责任作出的规定。

管理层和治理层（如适用）认可与财务报表相关的责任，是注册会计师执行审计工作的前提，构成注册会计师按照审计准则的规定执行审计工作的基础。财务报表审计并不减轻管理层或治理层的责任。

第二十条　注册会计师应当按照审计准则的规定，对财务报表整体是否不存在由于舞弊或错误导致的重大错报获取合理保证，以作为发表审计意见的基础。合理保证是一种高水平保证。当注册会计师获取充分、适当的审计证据将审计风险降至可接受的低水平时，就获取了合理保证。

由于审计存在固有限制，注册会计师据以得出结论和形成审计意见的大多数审计证据是说服性而非结论性的，因此，审计只能提供合理保证，不能提供绝对保证。

第二十一条　在计划和执行审计工作，以及评价识别出的错报对审计的影响和未更正的错报（如有）对财务报表的影响时，注册会计师应当运用重要性概念。

如果合理预期某一错报（包括漏报）单独或连同其他错报可能影响财务报表使用者依据财务报表作出的经济决策，则该项错报通常被认为是重大的。

重要性取决于在具体环境下对错报金额或性质的判断，或同时受到两者的影响，并受到注册会计师对于财务报表使用者对财务信息需求的了解的影响。

注册会计师针对财务报表整体发表审计意见，因此没有责任发现对财务报表整体影响并不重大的错报。

第二十二条　审计准则旨在规范和指导注册会计师对财务报表整体是否不存在重大错报获取合理保证，要求注册会计师在整个审计过程中运用职业判断和保持职业怀疑。

需要运用职业判断并保持职业怀疑的重要审计环节主要包括：

（一）通过了解被审计单位及其环境，识别和评估由于舞弊或错误导致的重大错报风险；

（二）通过对评估的风险设计和实施恰当的应对措施，针对是否存在重大错报获取充分、适当的审计证据；

（三）根据从获取的审计证据中得出的结论，对财务报表形成审计意见。

第二十三条　注册会计师发表审计意见的形式取决于适用的财务报告编制基础以及相关法律法规的规定。

第二十四条　按照审计准则和相关法律法规的规定，注册会计师还可能就审计中出现的事项，负有与管理层、治理层和其他财务报表使用者进行沟通和向其报告的责任。

第四章　总体目标

第二十五条　在执行财务报表审计工作时，注册会计师的总体目标是：

（一）对财务报表整体是否不存在由于舞弊或错误导致的重大错报获取合理保证，使得注册会计师能够对财务报表是否在所有重大方面按照适用的财务报告编制基础编制发表审计意见；

（二）按照审计准则的规定，根据审计结果对财务报表出具审计报告，并与管理层和治理层沟通。

第二十六条　在任何情况下，如果不能获取合理保证，并且在审计报告中发表保留意见也不足以实现向财务报表预期使用者报告的目的，注册会计师应当按照审计准则的规定出具无法表示意见的审计报告，或者在法律法规允许的情况下终止审计业务或解除业务约定。

第五章　要求

第一节　与财务报表审计相关的职业道德要求

第二十七条　注册会计师应当遵守与财务报表审计相关的职业道德要求，包括遵守有关独立性的要求。

第二节　职业怀疑

第二十八条　在计划和实施审计工作时，注册会计师应当保持职业怀疑，认识到可能存在导致财务报表发生重大错报的情形。

第三节　职业判断

第二十九条　在计划和实施审计工作时，注册会计师应当运用职业判断

第四节　审计证据和审计风险

第三十条　为了获取合理保证，注册会计师应当获取充分、适当的审计证据，以将审计风险降至可接受的低水平，使其能够得出合理的结论，作为形成审计意见的基础。

第五节　按照审计准则的规定执行审计工作

第三十一条　注册会计师应当遵守与审计工作相关的所有审计准则。如果某项审计准则有效且所适用的情形存在，则该项审计准则与审计工作相关。

第三十二条　注册会计师应当掌握审计准则及应用指南的全部内容，以理解每项审计准则的目标并恰当地遵守其要求。

第三十三条　除非注册会计师已经遵守本准则以及与审计工作相关的其他所有审计准则，否则，注册会计师不得在审计报告中声称遵守了审计准则。

第三十四条　为了实现注册会计师的总体目标，在计划和实施审计工作时，注册会计师应当运用相关审计准则规定的目标。在运用规定的目标时，注册会计师应当认真考虑各项审计准则之间的相互关系，以采取下列措施：

（一）为了实现审计准则规定的目标，确定是否有必要实施除审计准则规定以外的其他审计程序；

（二）评价是否已获取充分、适当的审计证据。

第三十五条　准则的所有要求：

（一）某项审计准则的全部内容与具体审计工作不相关；

（二）由于审计准则的某项要求存在适用条件，而该条件并不存在，导致该项要求不适用。

第三十六条　在极其特殊的情况下，注册会计师可能认为有必要除非存在下列情况之一，注册会计师应当遵守审计偏离某项审计准则的相关要求。在这种情况下，注册会计师应当实施替代审计程序以实现相关要求的目的。只有当相关要求的内容是实施某项特定审计程序，而该程序无法在具体审计环境下有效地实现要求的目的时，注册会计师才能偏离该项要求。

第三十七条　如果不能实现相关审计准则规定的目标，注册会计师应当评价这是否使其不能实现总体目标。

如果不能实现总体目标，注册会计师应当按照审计准则的规定出具非无保留意见的审计报告，或者在法律法规允许的情况下解除业务约定。不能实现相关审计准则规定的目标构成重大事项，注册会计师应当按照《中国注册会计师审计准则第1131号——审计工作底稿》的规定予以记录。

第六章　附则

第三十八条　本准则自2012年1月1日起施行。

四、中国注册会计师职业道德规范指导意见

第一章　总　则

第一条　为了规范注册会计师职业道德行为，提高注册会计师职业道德水准，维护注册会计师职业形象，根据《中华人民共和国注册会计师法》和《中国注册会计师职业道德基本准则》，制定本指导意见。

第二条　注册会计师应当遵守职业道德准则，履行相应的社会责任，维护社会公众利益。

第三条　注册会计师执行审计、审核和审阅等鉴证业务，应当恪守独立、客观、公正的原则。

第四条　注册会计师应当保持应有的职业谨慎，保持和提高专业胜任能力，遵守独立审计准则等职业规范，勤勉尽责。

第五条　注册会计师应当履行对客户的责任，对执业过程中获知的客户信息保密。

第六条　注册会计师应当与同行保持良好的工作关系，配合同行的工作。

第二章　独立性

第七条　注册会计师执行鉴证业务时应当保持实质上和形式上的独立，不得因任何利害关系影响其客观、公正的立场。

第八条　可能损害独立性的因素包括经济利益、自我评价、关联关系和外界压力等。

第九条　会计师事务所和注册会计师应当考虑经济利益对独立性的损害，可能损害独立性的情形主要包括：

（一）与鉴证客户存在专业服务收费以外的直接经济利益或重大的间接经济利益；

（二）收费主要来源于某一鉴证客户；

（三）过分担心失去某项业务；

（四）与鉴证客户存在密切的经营关系；

（五）对鉴证业务采取或有收费的方式；

（六）可能与鉴证客户发生雇佣关系。

第十条　会计师事务所和注册会计师应当考虑自我评价对独立性的损害，可能损害独立性的情形主要包括：

（一）鉴证小组成员曾是鉴证客户的董事、经理、其他关键管理人员或能够对鉴证业务产生直接重大影响的员工；

（二）为鉴证客户提供直接影响鉴证业务对象的其他服务；

（三）为鉴证客户编制属于鉴证业务对象的数据或其他记录。

第十一条　会计师事务所和注册会计师应当考虑关联关系对独立性的损害，可能损害独立性的情形主要包括：

（一）与鉴证小组成员关系密切的家庭成员是鉴证客户的董事、经理、其他关键管理人员或能够对鉴证业务产生直接重大影响的员工；

（二）鉴证客户的董事、经理、其他关键管理人员或能够对鉴证业务产生直接重大影响的员工是会计师事务所的前高级管理人员；

（三）会计师事务所的高级管理人员或签字注册会计师与鉴证客户长期交往；

（四）接受鉴证客户或其董事、经理、其他关键管理人员或能够对鉴证业务产生直接重大影响的员工的贵重礼品或超出社会礼仪的款待。

第十二条　会计师事务所和注册会计师应当考虑外界压力对独立性的损害，可能损害独立性的情形主要包括：

（一）在重大会计、审计等问题上与鉴证客户存在意见分歧而受到解聘威胁；

（二）受到有关单位或个人不恰当的干预；

（三）受到鉴证客户降低收费的压力而不恰当地缩小工作范围。

第十三条　当识别出损害独立性的因素时，会计师事务所和注册会计师应当采取必要的措施以消除影响或将其降至可接受水平。

第十四条　会计师事务所应当从整体上维护其独立性。

维护独立性的措施主要包括：

（一）会计师事务所的高级管理人员重视独立性，并要求鉴证小组成员保持独立性；

（二）制定有关独立性的政策和程序，包括识别损害独立性的因素、评价损害的严重程度以及采取相应的维护措施；

（三）建立必要的监督及惩戒机制以促使有关政策和程序得到遵循；

（四）及时向所有高级管理人员和员工传达有关政策和程序及其变化；

（五）制定能使员工向更高级别人员反映独立性问题的政策和程序。

第十五条　在承办具体鉴证业务时，会计师事务所应当维护其独立性。

维护独立性的措施主要包括：

（一）安排鉴证小组以外的注册会计师进行复核；

（二）定期轮换项目负责人及签字注册会计师；

（三）与鉴证客户的审计委员会或监事会讨论独立性问题；

（四）向鉴证客户的审计委员会或监事会告知服务性质和收费范围；

（五）制定确保鉴证小组成员不代替鉴证客户行使管理决策或承担相应责任的政策和程序；

（六）将独立性受到损害的鉴证小组成员调离鉴证小组。

第十六条 当维护措施不足以消除损害独立性因素的影响或将其降至可接受水平时，会计师事务所应当拒绝承接业务或解除业务约定。

第三章 专业胜任能力

第十七条 注册会计师应当通过教育、培训和执业实践保持和提高专业胜任能力。

第十八条 注册会计师不得宣称自己具有本不具备的专业知识、技能或经验。

第十九条 注册会计师不得提供不能胜任的专业服务。

第二十条 在提供专业服务时，注册会计师可以在特定领域利用专家协助其工作。

第二十一条 在利用专家工作时，注册会计师应当对专家遵守职业道德的情况进行监督和指导。

第四章 保密

第二十二条 注册会计师应当对在执业过程中获知的客户信息保密，这一保密责任不因业务约定的终止而终止。

第二十三条 注册会计师应当采取措施，确保业务助理人员和专家遵守保密原则。

第二十四条 注册会计师不得利用在执业过程中获知的客户信息为自己或他人谋取不正当的利益。

第二十五条 注册会计师在以下情况下可以披露客户的有关信息：

（一）取得客户的授权；

（二）根据法规要求，为法律诉讼准备文件或提供证据，以及向监管机构报告发现的违反法规行为；

（三）接受同业复核以及注册会计师协会和监管机构依法进行的质量检查。

第二十六条 在决定披露客户的有关信息时，注册会计师应当考虑以下因素：

（一）是否了解和证实了所有相关信息；

（二）信息披露的方式和对象；

（三）可能承担的法律责任和后果。

第五章 收费与佣金

第二十七条 在确定收费时，会计师事务所应当考虑以下因素，以客观反映为客户提供专业服务的价值：

（一）专业服务所需的知识和技能；

（二）所需专业人员的水平和经验；

（三）每一专业人员提供服务所需的时间；

（四）提供专业服务所需承担的责任。

第二十八条　在专业服务得到良好的计划、监督及管理的前提下，收费通常以每一专业人员适当的小时费用率或日费用率为基础计算。

第二十九条　专业服务的收费依据、收费标准及收费结算方式与时间应在业务约定书中予以明确。

第三十条　如果收费报价明显低于前任注册会计师或其他会计师事务所的相应报价，会计师事务所应当确保：

（一）在提供专业服务时，工作质量不会受到损害，并保持应有的职业谨慎，遵守执业准则和质量控制程序；

（二）客户了解专业服务的范围和收费基础。

第三十一条　除法规允许外，会计师事务所不得以或有收费方式提供鉴证服务，收费与否或多少不得以鉴证工作结果或实现特定目的为条件。

第三十二条　会计师事务所和注册会计师不得为招揽客户而向推荐方支付佣金，也不得因向第三方推荐客户而收取佣金。

第三十三条　会计师事务所和注册会计师不得因宣传他人的产品或服务而收取佣金。

第六章　与执行鉴证业务不相容的工作

第三十四条　注册会计师不得从事有损于或可能有损于其独立性、客观性、公正性或职业声誉的业务、职业或活动。

第三十五条　注册会计师应当就其向鉴证客户提供的非鉴证服务与鉴证服务是否相容做出评价。

第三十六条　会计师事务所不得为上市公司同时提供编制会计报表和审计服务。

第三十七条　会计师事务所的高级管理人员或员工不得担任鉴证客户的董事（包括独立董事）、经理或其他关键管理职务。

第七章　接任前任注册会计师的审计业务

第三十八条　后任注册会计师在接任前任注册会计师的审计业务时不得蓄意侵害前任注册会计师的合法权益。

第三十九条　在接受审计业务委托前，后任注册会计师应当向前任注册会计师询问审计客户变更会计师事务所的原因，并关注前任注册会计师与审计客户之间在重大会计、审计等问题上可能存在的意见分歧。

第四十条　后任注册会计师应当提请审计客户授权前任注册会计师对其询问作出充分的答复。

如果审计客户拒绝授权，或限制前任注册会计师作出答复的范围，后任注册会计师应当向审计客户询问原因，并考虑是否接受业务委托。

第四十一条　前任注册会计师应当根据所了解的情况对后任注册会计师的询问作出及时、充分的答复。

如果受到审计客户的限制或存在法律诉讼的顾虑，决定不向后任注册会计师作出充分答复，前任注册会计师应当向后任注册会计师表明其答复是有限的。

第四十二条　如果审计客户委托注册会计师对已审计会计报表进行重新审计，接受委托的注册会计师应视为后任注册会计师，而之前已发表审计意见的注册会计师则视为前任注册会计师。

第四十三条　如果后任注册会计师发现前任注册会计师所审计的会计报表存在重大错报，应当提请审计客户告知前任注册会计师，并要求审计客户安排三方会谈，以便采取措施进行妥善处理。

第八章　广告、业务招揽和宣传

第四十四条　注册会计师应当维护职业形象，在向社会公众传递信息时，应当客观、真实、得体。

第四十五条　会计师事务所不得利用新闻媒体对其能力进行广告宣传，但刊登设立、合并、分立、解散、迁址、名称变更、招聘员工等信息以及注册会计师协会为会员所作的统一宣传不在此限。

第四十六条　会计师事务所和注册会计师不得采用强迫、欺诈、利诱或骚扰等方式招揽业务。

第四十七条　会计师事务所和注册会计师在招揽业务时不得有以下行为：

（一）暗示有能力影响法院、监管机构或类似机构及其官员；

（二）作出自我标榜的陈述，且陈述无法予以证实；

（三）与其他注册会计师进行比较；

（四）不恰当地声明自己是某一特定领域的专家；

（五）作出其他欺骗性的或可能导致误解的声明。

第四十八条　会计师事务所和注册会计师进行宣传时，不得有以下行为：

（一）利用政府委托或特别奖励谋取不正当利益；

（二）当会计师事务所将其名称、地址、电话号码以及其他必要的联系信息载入电话簿、信纸或其他载体时，含有自我标榜的措辞；

（三）当注册会计师就专业问题参与演讲、访谈或广播、电视节目时，抬高自己及其会计师事务所；

（四）当会计师事务所通过新闻媒体发布招聘信息时，含有抬高自己的成分。

第四十九条　会计师事务所可以将印制的手册向客户发放，也可以应非客户的要求向非客户发放，但手册的内容应当真实、客观。

第五十条　注册会计师在名片上可以印有姓名、专业资格、职务及其会计师事务所的地址和标识等，但不得印有社会职务、专家称谓以及所获荣誉等。

第九章　附则

第五十一条　本指导意见自2002年7月1日起施行

五、内部审计准则

——《第1101号——内部审计基本准则》
2013-08-26

第一章　总则

第一条　为了规范内部审计工作，保证内部审计质量，明确内部审计机构和内部审计人员的责任，根据《审计法》及其实施条例，以及其他有关法律、法规和规章，制定本准则。

第二条　本准则所称内部审计，是一种独立、客观的确认和咨询活动，它通过运用系统、规范的方法，审查和评价组织的业务活动、内部控制和风险管理的适当性和有效性，以促进组织完善治理、增加价值和实现目标。

第三条　本准则适用于各类组织的内部审计机构、内部审计人员及其从事的内部审计活动。其他组织或者人员接受委托、聘用，承办或者参与内部审计业务，也应当遵守本准则。

第二章　一般准则

第四条　组织应当设置与其目标、性质、规模、治理结构等相适应的内部审计机构，并配备具有相应资格的内部审计人员。

第五条　内部审计的目标、职责和权限等内容应当在组织的内部审计章程中明确规定。

第六条　内部审计机构和内部审计人员应当保持独立性和客观性，不得负责被审计单位的业务活动、内部控制和风险管理的决策与执行。

第七条　内部审计人员应当遵守职业道德，在实施内部审计业务时保持应有的职业谨慎。

第八条　内部审计人员应当具备相应的专业胜任能力，并通过后续教育加以保持和提高。

第九条　内部审计人员应当履行保密义务，对于实施内部审计业务中所获取的信息保密。

第三章　作业准则

第十条　内部审计机构和内部审计人员应当全面关注组织风险，以风险为基础组织实施内部审计业务。

第十一条　内部审计人员应当充分运用重要性原则，考虑差异或者缺陷的性质、数量等因素，合理确定重要性水平。

第十二条　内部审计机构应当根据组织的风险状况、管理需要及审计资源的配置情况，编制年度审计计划。

第十三条　内部审计人员根据年度审计计划确定的审计项目，编制项目审计方案。

第十四条　内部审计机构应当在实施审计三日前，向被审计单位或者被审计人员送达审计通知书，做好审计准备工作。

第十五条　内部审计人员应当深入了解被审计单位的情况，审查和评价业务活动、内部控制和风险管理的适当性和有效性，关注信息系统对业务活动、内部控制和风险管理的影响。

第十六条　内部审计人员应当关注被审计单位业务活动、内部控制和风险管理中的舞弊风险，对舞弊行为进行检查和报告。

第十七条　内部审计人员可以运用审核、观察、监盘、访谈、调查、函证、计算和分析程序等方法，获取相关、可靠和充分的审计证据，以支持审计结论、意见和建议。

第十八条　内部审计人员应当在审计工作底稿中记录审计程序的执行过程，获取的审计证据，以及作出的审计结论。

第十九条　内部审计人员应当以适当方式提供咨询服务，改善组织的业务活动、内部控制和风险管理。

第四章　报告准则

第二十条　内部审计机构应当在实施必要的审计程序后，及时出具审计报告。

第二十一条　审计报告应当客观、完整、清晰，具有建设性并体现重要性原则。

第二十二条　审计报告应当包括审计概况、审计依据、审计发现、审计结论、审计意见和审计建议。

第二十三条　审计报告应当包含是否遵循内部审计准则的声明。如存在未遵循内部审计准则的情形，应当在审计报告中作出解释和说明。

第五章　内部管理准则

第二十四条　内部审计机构应当接受组织董事会或者最高管理层的领导和监督，并保持与董事会或者最高管理层及时、高效的沟通。

第二十五条　内部审计机构应当建立合理、有效的组织结构，多层级组织的内部审计机构可以实行集中管理或者分级管理。

第二十六条　内部审计机构应当根据内部审计准则及相关规定，结合本组织的实际情况制定内部审计工作手册，指导内部审计人员的工作。

第二十七条　内部审计机构应当对内部审计质量实施有效控制，建立指导、监督、分级复核和内部审计质量评估制度，并接受内部审计质量外部评估。

第二十八条　内部审计机构应当编制中长期审计规划、年度审计计划、本机构人力资源计划和财务预算。

第二十九条　内部审计机构应当建立激励约束机制，对内部审计人员的工作进行考核、评价和奖惩。

第三十条　内部审计机构应当在董事会或者最高管理层的支持和监督下，做好与外部审计的协调工作。

第三十一条　内部审计机构负责人应当对内部审计机构管理的适当性和有效性负主要责任。

第六章　附　则

第三十二条　本准则由中国内部审计协会发布并负责解释。

第三十三条　本准则自 2014 年 1 月 1 日起施行。